気持ちに応える
子育て支援

実践力を磨く 基礎知識＆事例集

永瀬春美

赤ちゃんとママ社

心がつらいとき、誰でも、いつでも、どこでも
ただ一生懸命に聴いてくれる人に出会える
そんな社会を遠くに見据えて一歩、一歩
私は、私ができることをする

意見を言わずアドバイスもせず、説教も励ましもしないで
ただ一生懸命に聴いてくれる人がすぐそこにいれば
わかってほしい気持ちをとことん話せる
少しわかってもらえたら、少し気持ちがラクになる
つらい人が減って、つらい事件がなくなる

いつか、そんな日が来ますように

はじめに

　あるアンケート※によると、「子育てをする中で、自分を『ママ失格』や『ダメ母』と思うことはありますか?」という質問に、「よく思う(1日1回以上)」と回答した人は21%にのぼります。「ときどき思う」と合わせると実に72%もの人が自分は「ダメ母」だと思っているのです。
　よい母になろうと一生懸命だからこそ「あるべき母親像」と比べてはダメな自分を責め、そのいら立ちを子にぶつけてしまっていっそう自分を責める悪循環。衝動的に自分や他者を傷つけてしまう「つらい子」のうしろに、そんな「つらい子育て」が見える感じがします。
　私は自分の子育て期を、大学や専門学校の非常勤講師と電話育児相談の仕事をして過ごしました。コインロッカーに子どもが捨てられる事件や親子心中が続いて、子育て支援の必要性が叫ばれ始めた頃です。5台の相談電話は鳴りっぱなしで、電話口から聞こえてくる母親たちの切実な声を聞きながら、私は専門職者の指導(オドシを交えて展開される理想論)に疑問を感じないではいられませんでした。現実の生活が理想のようにできるはずがないのですから、親は不安になるのが当たり前です。
　生物には、その生存をおびやかす様々な出来事に対応する実に見事で巧妙な制御システムがあります。その素晴らしさを知れば、私たちは命という宝物をいとおしみ大切にする気持ちにならずにはいられません。「ちゃんと扱わないと壊れてしまいますよ」とおどかさなくても、

※『季刊1・2・3歳』2015年夏号読者アンケート(赤ちゃんとママ社)

きっとちゃんとできる。生きる力への信頼からスタートして、親が自分で考え、自分で「できることの中でよりよい行動」を選べるような支援が必要なのです。「専門家の手の中にある科学の成果を、誰にもわかる言葉に言い換える翻訳家になりたい」と思いました。40代で医学部の研究生になったのも、50代でカウンセリングの学校に通ったのも、その夢へのステップだった気がします。

　現在はいろいろな場で支援者向け・保護者向けの講座をさせていただいていますが、最近イヤイヤ期のテーマで行った講座でうれしいことがありました。
　お子さんはまだ小さいのに、ネットにあふれる「魔の2歳児」の情報に触れて怖くなり、「そのときが来る前に勉強しておこうと思って」との動機で参加された方が、講座のあと「イヤイヤ期が楽しみになりました」とおっしゃったのです。イヤイヤ期は、子育てが親の思いどおりにいかなくなる最初の関門ですが、親が「子どもは自分の力で適切な行動を選べるようになる」と信じて、否定せずに見守る力をつけるチャンスでもあります。「心がひとり立ちを始めた成長の姿」と気づけば、はじめて2本の足で立ちあがったときの感動を思い出して「楽しみ」と思う余裕ができるのかもしれません。
　子どもの中には「病気にならない力」も「病気から回復する力」も

あるし、「心もからだも、じゃまさえしなければ自分の力で発達していく。親が完璧にやってあげなくてもいい」と思えれば、子育ての不安が減って親子関係はラクになります。誰でもいつでもどこでも、そういう支援に出会えるようになることを願って、この本を書きました。

　第1章は、支援を提供する方々にぜひ知っておいていただきたい基本的なことの確認です。

　第2章では、病気や心のケア、健康習慣などについて用語の意味や考え方を子育て支援の視点で解説しています。

　相談の実際を書いた第3章はＱ＆Ａの形になっていますが、質問に答えるだけではすまない「気持ちに応える聴き方・話し方」について、「使える言葉」を織り込みながら具体的な説明を心がけました。

　第4章では、保護者向けの講座で私が使っている素材を紹介しています。すぐに使える形になっていますので、お読みいただいた方々それぞれの現場でそれぞれに工夫してご活用いただければ幸いです。

　これらの素材が、皆様に使っていただく中で試行錯誤を重ね、よりよいものに進化していく…そんな夢想にワクワクしています。

2016年1月

永瀬春美

はじめに 2

第1章

よりよい支援を提供するために 9

- Ⅰ. 今どきの保護者が子育てを
「むずかしい」と感じる背景を理解する 10
- Ⅱ. 自分を知り、自分を認める 13
- Ⅲ. よりよく聴くための〈支援者の基本姿勢〉 16
- Ⅳ. 支援者の成長と心のケア 24
  - 実習の回答例 26

第2章

支援者のための基礎知識 27

- Ⅰ. 病気の考え方とケア 28
  - ウイルス 28
  - 細菌（抗生物質と耐性菌） 32
  - 炎症 35
  - 感染経路と感染期間 38

発熱 …………………………………………………… 42
　　クーリング ……………………………………………… 45
　　咳（RSウイルスと細気管支炎を中心に） …………… 48
　　下痢 …………………………………………………… 51
　　便秘 …………………………………………………… 55
　　対症療法 ……………………………………………… 58

Ⅱ. 健診と保健指導 ……………………………………… 61
　　健診（乳幼児健康診査）とスクリーニング …………… 61
　　身体計測の縦断的評価 ……………………………… 64
　　おどかさない歯みがき指導 …………………………… 67
　　ウソをつかない手洗い指導 …………………………… 70
　　無理のない睡眠指導 ………………………………… 73

Ⅲ. 心の痛みに寄り添う ………………………………… 76
　　グリーフワークとグリーフケア ………………………… 76
　　虐待の世代間連鎖 …………………………………… 79
　　COLUMN 1　「虐待かも」と思ったら、迷わずダイヤル１８９（いちはやく） …… 82

第3章

親子の気持ちに応える
子育て相談Q&A ……… 83

Ⅰ. 子どもの健康をめぐって ……… 84
- 肥満は万病のもと？ ……… 84
- 偏食は子どものうちに工夫して直すべき？ ……… 87
- サプリメントで完璧な栄養？ ……… 90
- アレルギー対応をめぐるクレーム ……… 93
- 水ぼうそうをうつしてしまい、申し訳ない ……… 96
- 紫外線　浴びたらダメ？ ……… 99
- 健診で発達障害と言われた ……… 102
- 「寝ぼけ」が続く。就学前準備がストレス？ ……… 105

Ⅱ. 子育ての迷いや不安をめぐって ……… 108
- 一緒に食べないと得られないものって、なに？ ……… 108
- 心のサインとしての腹痛 ……… 111
- 習いごとは、何をいつから始めるのがいい？ ……… 114
- 泣く子と内緒で別れてはいけないの？ ……… 117
- 夫の実家に帰省したくない ……… 120
- おもちゃの貸し借りができない ……… 123
- 子どものケンカに大人は口を出さない？ ……… 126

約束が守れない。体罰は必要？ ……………………………………… 129
　　泣きやまない子にイライラする ………………………………………… 132
　　気持ちが言える子に育てたい …………………………………………… 135
　　COLUMN 2　イヤイヤがないと、心配？ ……………………………… 138

第4章

保護者向け講座の実践 ……………………………………… 139

I.　保護者向け講座の目的と内容 ………………………………… 140
II.　保護者向け講座（ワーク）実践事例 ………………………… 143
　　1.「つい叱りすぎて後悔する私」からの卒業 ………………………… 143
　　2. イヤイヤとほどよく付き合う　心のひとり立ち応援談 ………… 148
　　3. 発達の視点を大切にしたオムツはずし ……………………………… 152
　　ワークシート ………………………………………………………………… 154

支援を続けていくあなたへ ……………………………………………… 172
おわりに …………………………………………………………………………… 174

※本文中の事例はすべて著者の経験に基づく創作です。

※第2章、第3章は、一般財団法人こども未来財団（現・公益財団法人児童育成協会）発行　月刊『こどもの栄養』平成22年4月号～平成26年3月号「親子の気持ちに応える育児相談　親子いきいきQ&A」「いきいき健康事典－健康にかかわるコトバたち」「いきいき故事ことわざ事典」に掲載された記事を改編・修正したものです。

第 1 章

よりよい支援を
提供するために

I. 今どきの保護者が子育てを「むずかしい」と感じる背景を理解する

　現在の子育て世代はすでに少子化が進んだ社会に生まれ、大人の目も手も届きすぎる環境で育った方々です。いろいろな意味で経験が少なく不安が強いのに、地縁・血縁によるサポート力は低下しているため、社会的な支援体制を整える必要性が高まっています。

1．保護者は、どんな子ども時代を過ごして親になったのでしょう

困った場面に直面し、自分でなんとかした経験・他者と関わる豊かな感情体験が少ない。

　子どもは大人の目がないところで多くの冒険やトラブル、時にはいたずらやワルサを経験し、困ったり怖い目や危ない目にもあい、必死で打開策を考え、あれこれ試したり誰かに助けを求めたりして何とか切り抜けるといった体験を積んでこそ生きる力を身に着けることができます。そうした体験から、友達と協力するすべ（相手の気持ちを察すること、思いやること、自分の気持ちを伝えること、弱みを認めること、などなど）を会得し、試しにやってみる勇気や失敗してもやり直す力、「なんとかなるものだ」という実感や「自分には解決する力がある」という自信のタネにもなりました。

　また、かつては兄弟姉妹や近所の異年齢の子ども集団の中で、他者を頼ることができる安心感や、他者に頼られる緊張感と心地よさ、いつか頼られる側になる期待感やあこがれといった豊かな感情体験ができました。仲間うちの小さないざこざを調整したり、傷つけたり傷ついたりしながら葛藤を乗り越え、萎えた感情を立て直したりする練習の場でもあったでしょう。

　現在は安全と引き換えに、子どもがこうした経験をしながら成長する機会が減少しています。何かトラブルが起きるとすぐに大人が介入して対処してしまうし、困ってもすぐに携帯電話で連絡できたりインターネットで調べられたり

するので、不安を不安のまま抱えている力が弱くなり、抱えられる容量も少なくなっている（すぐにいっぱいいっぱいになる）のかもしれません。

自己肯定感をはぐくむ機会が少ない

　最近の子育て世代は、「人間関係が苦手」と自認する人が増えています。そのため子育てが「孤育て」になり、支援者の想像を超えた苦しさを抱えている人に出会うこともよくあります。流行のファッションに身を包み、明るくて友達ともよく話している元気なママが、実は深い自己否定に苦しんでいたといったケースは珍しくありません。

　他者とうまく関わるには何よりも自分が好きで、自分とうまく関われることが基盤になります。自己否定が強い人は傷つきやすく、ちょっとしたことで攻撃的になったり、傷つかないように必死で防護壁を張りめぐらせていたりするために豊かな人間関係を築くことがむずかしいのです。

　タフな心は、幼い頃から独立したひとりの人として尊重され、自分が興味を持ったことにチャレンジして成功体験を積むことで培われます。そのためには安心して失敗を重ねられる環境が必要で、大人は子どもの成長に深い関心を寄せつつ「待つ」「見守る」姿勢で関わることが重要です。信頼できる大人に見守られている安心感の中で、様々な遊び（玩具や遊具を使うことにとどまらず、台所もトイレも家財道具も寝具も、生活のすべてが子どもには遊びの素材です）を通して気の向くままに実験と失敗を重ねられる環境があってこそ、子どもは「できる自分」と出会うチャンスに恵まれ、自己肯定感を高めていきます。

　子どもの中に自然にわき起こる意欲が尊重されず禁止されることが多すぎたり、大人の願いを押し付けてまだ心身の準備ができていないことをさせよう、させようとしては、できない、できないという体験を積ませてしまったりすると、自分を信じる力が育ちません。励まされたり叱られたりけなされたりする機会が多すぎる環境で育った人は、他者（親など）の期待に添えないダメな自分をいじめるばかりで、自分と仲良くなれないために他の人とうまく関わることができません。

今の子育て世代が育った環境は大人の監視下に置かれていた時間が長く、このような様々な経験を積む機会が昔よりずっと減ってしまいました。こうした経験が少ないまま親になれば何かにつけて自信がなく、失敗を恐れて情報を求めては混乱するという状況になるのは自然な成り行きです。

　その親に育てられる子もまた、不安からくる過干渉や放任といった環境で同様の道をたどることになるかもしれません。親が子どものときにもらいそこねた「ありのままのあなたがOKな存在」というメッセージを支援者が提供することで、この連鎖を断つことができます。

2．今どきの子育ては昔よりずっとつらい

多すぎる情報

　今や子どもの成長発達や病気、生活やしつけなど、あらゆる方面に関する大量の情報が絶えず洪水のように流れこんでくる時代になり、昔なら知らずにすんだリスクが大々的にマスコミで報じられたり、誤った情報が個人のブログなどから広まってしまったり、親を不安にさせる材料はひと昔前とは比べものにならないほど増えています。

　バイキンの排除や紫外線を避けること、虫歯をはじめアレルギーや心の傷つき、ゲーム脳に至るまで親が「予防」を求められることは限りなくたくさんありますし、奇声を発すれば発達障害ではないかと気をもみ、泣きやまないと虐待を疑われるのではないかとおびえ、最近の子育ては本当に大変です。

　多くの情報を取り込んで「こんな親になりたい」「このように育てるべき」といった理想像を創りあげていると、そのようにならない現実に直面していら立ったり落ち込んだりすることも多くなります。

　「こういう育て方をすると〜になってしまう」「〜にならないように、〜しましょう」といった情報は、生真面目で不安の強い人には「そのようにしないと、ちゃんと育たない」といったオドシになってしまうことも多く、そのようにしたいのにできないと「私は母親失格」と落ち込んだり、意見が違う夫とケンカになったり嫁姑のトラブルになったりすることもあります。すでに無事通り過

ぎたことに関する情報に触れて、「そのようにしなかったから、もう取り返しがつかない」と自分を責めている人もいます。

繰り返される健診と指導

　日本の乳幼児健診の充実は世界に誇るシステムで、子どもの健やかな成長に大きく貢献していることは間違いありません。子どもの心身に問題があれば早期に発見して適切な医療や療育のレールに乗せ、最大限の成果を保証すること、育児環境に問題があれば相談支援によってその改善をはかることなど、健診にはもちろん重要な意義があります。

　ですが、保護者の側から見るとこれが大きなプレッシャーとなっていることが少なくありません。健診を「自分の子育てが評価される場」と受け止め、試験のように「合格」や「好成績」を目指して努力するものととらえている人はとても多く、逆に言えば健診で「不合格」になると、母親失格の烙印を押されたようなショックを受けることもあります。

　また、子どもの食事、睡眠、生活リズム、事故防止などに関わる健診時の指導は、保護者にとっては「責任」という重圧を背負ったり、自分がそれまでやってきたことにダメ出しをされたりする機会になりやすく、大きな傷つき体験となることもあります。

II. 自分を知り、自分を認める

1. 自分の感じ方、反応のクセを知ろう

　支援者も一人ひとり異なる歴史を生き、様々な体験を積み重ねてきています。同じ刺激を受け取っても感じ方は人それぞれ、反応も一人ひとり違います。

　「お花見の季節は誰でもウキウキするもの」と思いがちですが、桜を見ると悲しい記憶がよみがえって涙ぐむ人もいます。楽しそうな光景を見ると、怒り

がこみ上げる人もいます。貧しくて休む間もなく働き続けた親に恩返しができなかった罪悪感を抱える人かもしれないし、厳しくしつけられて楽しむことを許されない環境で育った人かもしれません。楽しい企画を練ってお花見に誘った友人が、「花見なんて大嫌い。やりたがる人の気が知れないわ！」とキレることだってあるかもしれません。その人はきっと、お花見によほどイヤな体験がくっついているのでしょう。

　ネガティブな感情体験を一度もしたことがない人はたぶんいないので、誰でもこうした思いがけない反応をしてしまう可能性を持っています。自分はどんなこと、人、モノなどに対してどんな反応をする傾向があるのか、できるだけたくさん知っていることが支援を提供する者としてはとても重要です。いろいろな研修の機会を活用して、無意識の自分と出会う「気づき」を積極的に体験しておくのもよいことです。無意識だと制御できない（思わず反応してしまう）のですが、わかっていれば気をつけることができます。この例で、その友人が「私はお花見が苦手で、誘われると不安になる」と気づいていて「そういう自分もOK」と思えていれば、もう少しおだやかな言い方で断ることができたかもしれません。

2．感じてはいけない気持ちはない（制限があるのは行動だけ）

　「他者は自分とは違う感じ方をする」「どのように感じるかはその人の自由で、自分も相手もどのように感じてもよい」ということも、ぜひ知っておいてください。先程の例で、相手が「お花見は嫌い」と思うのは自由で、その気持ちは尊重されなければなりません。

　もしお花見を計画したのがあなたで、「せっかく誘ったのにひどい！　お花見が嫌いなんておかしい。仲間なら気持ちよく付き合うべき」と思ったとしたら、傷ついてつらくなった自分の気持ちの処理に追われているので相手のつらい気持ちに気づく余裕がありません。自己防衛から反撃に走って、相手をさらに傷つけてしまう恐れもあります。支援の場面で言えば、力になりたいのに拒否されたときに、そのような展開になることがあります。

もちろんあなたの中に「思いを否定されて腹が立った」「責められたように感じて怖かった」などの感情が起こるのも自然なことです。感情に良い・悪いはなく、感じてはいけない気持ちはありません。「イヤだったね」「怖かったね」とそのまま大切に受け止められれば自分の心の痛みが和らぎ、相手を責める行動をしないですみます。「そのように感じてはいけない」のではなく、「そのように感じてもいい（感じてはいけない気持ちはない）けれど、だからといって相手を攻撃してはいけない（行動には制限がある）」ということです。

3. 自分の子育てを振り返り、自分をほめよう

　支援者の中には、ご自身の子育て経験をお持ちの方も多いと思います。いろいろと悩みながらも困難を乗り越え、がんばって育てあげた体験は素晴らしい宝物です。子育てを通して自分がどれほど成長したか、自分はどのような問題に直面し、どう解決したのか、伝えたいことがたくさんあるかもしれません。伝えることで「誰かのお役にたちたい」との思いから支援者を志す方も多いように思います。

　人の役に立ちたいと思う気持ちは貴いものですが、その後ろに「がんばったことを誰かに認められたい私」が潜んでいることも多いので注意が必要です。無意識の底にそうした気持ちがあると、自分の達成感や自己実現が支援の目的になり、相手がそのための道具になってしまうことがあります。

　あなたががんばったことは間違いないのですから、まずはご自身が自分を認め、自分をほめることに十分エネルギーを注いでください。あなたの支援が相手に認められ、自分が達成感を得るための「押し売り」にならないようにするために、ご自身の体験談は身近な仲間などに聴いてもらうのもよい方法です。自己受容がしっかりできていないと、他者を受容できません。

　支援者は話を聴く人です。話をするのは支援者ではなく、相手であることを常に意識しましょう。よい聴き手に出会うことができれば、人は自分の力で変わっていきます。達成感は、結果としてついてくるものです。

III. よりよく聴くための〈支援者の基本姿勢〉

　たとえば夜ふかしや朝寝坊、ジャンクフードを与えてしまう、過干渉や放任、暴言や体罰など、支援者の目には「不適切」と思える子育てをしている保護者に出会ったとき、あなたはどんな感情を抱くでしょうか？　子どもを大切に思うからこそ、そのような保護者に批判的な感情がわくのは避けがたいことかもしれません。それでもなお、「その人にはそうならざるを得ない理由がきっとあるのだ」と想像して、受容的に関わることが支援の第一歩です。

　こちらが支援を提供したくても、相手が「してほしくない」と感じれば支援は始まりません。相手に受け取ってもらえてはじめて支援になるのです。私たちが子育て支援の専門家として保護者の話を聴くとき、どんな相手も傷つけることなく相手が必要としているものを見きわめ、相手に受け入れられる支援を提供するために、身に着けておくべき基本事項を確認しましょう。

1．指導しない

> 【事例1】　一也くん（4歳）　母親　睦美さん
> 便秘気味で、3〜4日に1回くらい泣きながら硬い便が出る。もっと野菜を食べさせてと言われても朝食を食べる時間はないし、アパートの小さな台所で料理らしい料理はできないので夕食も買った惣菜ですますことが多い。「一也には、朝は保育園に向かう車の中で菓子パンと野菜ジュースをあげるけど、夕食に筑前煮とかひじきとか買っても食べないし、生野菜のサラダはまだ無理でしょう？　どうしようもないのよ」

　事例を読んで、どんな感情がわき起こっているでしょうか？　思わず反論し

たくなって、指導的な言葉が頭に浮かんだ方も多いのではないでしょうか。
「忙しくても少しだけ早く起きて、簡単なものでいいから家で朝食をとりましょう」
「小さな台所でも野菜をゆでるくらいできるでしょう」
「排便のたび痛がって泣くなんてかわいそう。お子さんのためにがんばらなくちゃ」など。

　この言葉を誰かに言ってもらって、睦美さんになったつもりで聞いてみてください。どんな感情がわきあがるでしょうか…素直に受け入れられますか？
　反発や自己弁護が先にたって、イヤな気持ちになった方が多いのではないでしょうか。

　指導は、相手がよりよい行動を取るように促す（指導者の力で相手を変えようとする）働きかけです。現状を否定するところからのスタートなので、相手には「今のあなたではダメ」というメッセージとして伝わります。
　親になるまでの成育環境で確かな自己肯定感を持つことができた人なら、指導をひとつの情報ととらえ「できる範囲で参考にする」といった受け取り方ができますが、自信のない人は現状を否定される（されたと感じる）とひどく不安になるので、混乱したり否認したり反撃したり拒絶したり、といった形で反射的に心の防衛反応が起こります。そうなると伝えたかったことは伝わらず、相手に傷を負わせただけという結果になってしまいます。指導によって相手を変えることは大変むずかしいのです。

　これに対して支援は、相手が自分の力に気づき、ご自身の力で行動を変える過程に寄り添い支えることです。現状の肯定からスタートすることで、相手は「今ありのままのあなたがＯＫな存在」というメッセージを受け取ります。承認されることで、相手は「変えてみよう」という意欲や「変えることができる」という自信のタネを手に入れます。
　簡単な調理のアイデアや時間のやりくりの知恵などのアドバイスは、そのあとなら受け入れられる可能性が高くなります。

【実習Ⅰ】
この事例で、現状を肯定し承認できること（睦美さんなりに考え、努力していること）はなんでしょうか？　それを言葉にして、伝える練習をしましょう。仲間とロールプレイをして、認めてもらえるとどんな気持ちになるか、体験してください。
(回答例 p.26)

2.「親がすること（できること）」と「子がすること（親にはできないこと）」を区別する

> 【事例2】　二三子ちゃん（2歳）　母親　さつきさん
> 朝7時には起こし、十分遊ばせて夜8時までに夕食とお風呂を済ませ、暗くして布団に入れますが、どうやっても寝てくれません。起きあがって遊ぼうとするので「今は遊ぶ時間じゃないでしょ！」と怒ってしまったり、格闘のすえ寝つくのが10時過ぎという毎日で疲れ果てました…。

　最近よく聞くご相談ですが、親の責任の範囲を明確にしないと大変です。たとえばハイハイが始まる頃にハイハイしやすい環境を準備することは親の努力である程度可能ですが、いつハイハイするかは子どもがすること。親は待つだけです。睡眠も同様で、起きる時間や一日の生活リズム、日中の活動量などはある程度親が調整できます。所定の時間に寝室を暗くして床に入れるまでは親の責任かもしれませんが、そこで眠れるかどうかは子どもの事情です。
　食事なら、ほどほどによい食事を準備し楽しい雰囲気で親がいろいろなものを食べるのを見せるまでは親の責任でがんばればできますが、提供された食物を食べるのは子どもがすること。親の意思で飲み込ませることはできません。
　子どもの領域のことまで親の責任と思い込んで一生懸命になると、親の思い

どおりにならない子にいら立ち、無理じいになってしまうことが少なくありません。親はうまく育てられない自分を責めて不安を深め、いっそう攻撃的になってしまう悪循環のケースは大変多いお悩みです。

親の緊張感は子に伝わり「危険な状況」と判断して身構える態勢になるので、空腹感や眠気は抑制されます。これは大昔、私たちが外敵に襲われたときに逃走か闘争に備える必要があった頃のなごりで、大人も緊張や不安が強いときには食欲がなかったり頭がさえて眠れなかったりした経験があるはずです。

「私ができることはした」と自分に言って、あとは子どもに任せるだけ。親がリラックスすれば「安心感」が子に伝わり、安眠や食欲につながります。

3. 相手を尊重し、相手のニーズに応える

> 【事例3】 四葉ちゃん（3歳） 母親 弥生さん
> 健診で「子どもの虫歯は親の責任」と言われました。絶対に虫歯にしたくないので、おやつに甘いものはいっさい与えていません。でも姑は「かわいそう。心の栄養に少しは甘いものも必要よ」と言って、いつもお菓子を持ってきます。虫歯になるほうがかわいそうだと思いますが、私が間違っていますか？

事例を読んで、どんな感情がわき起こっているでしょうか？
「あなたは間違っていませんよ、がんばって！」とエールを送りたくなったでしょうか。
「『いっさい与えない』なんて窮屈な考え方でやっていたらこれから大変。少し肩の力を抜いたほうがいい」と、お姑さんに共感を覚えた方もいらっしゃると思います。

支援者は、「相手が求めているもの」を見きわめてそのニーズに応えること

が肝要で、好意や熱意であったとしても「こちらが差し上げたいもの（支援者自身の価値観や不安など）」を押し付けるのは好ましくありません。

「間違っていますか？」と疑問形で言われると、答えを返さなければならないような気分になるかもしれませんが、質問に答える前に相手の気持ちを丁寧に聴いて、支援者に何を求めているのか見きわめる必要があります。表面的には具体的な答えを求めているように見えても、真のニーズはそこではないこともよくあります。

このようなケースで支援者が「どちらが正しいか」を判断する裁判官の立場に立とうとするとこの争いに巻き込まれてしまい、問題をこじらせることになりかねません。正・誤（知的解釈）ではなく、感情・感覚の話（不安・恐れ・怒り・なんとなくイヤな感じ・ハラハラ・おろおろ　など）に焦点を当てましょう。気持ちの話になれば、受容・共感（相手の感情をありのままに受け止め、相手が感じていることをあたかも自分が感じているように感じとること）もしやすくなります。

【実習Ⅱ】事例3で、弥生さんの気持ちをそのまま受け止め、確認する言葉を言ってみましょう。
(回答例 p.26)

4. 相談者が自分で答えを探す過程に寄り添い、本人に成り代わって解決策を考えない

事例3で、「こんなふうにしてみては」などと支援者が解決策を考えてアドバイスするのは、次のような理由であまり勧められません。

○この方の感じ方はこの方にしかわかりません。一人ひとり異なる成育歴を持っているのですから、一人ひとり違う感じ方をします。ご家族も、あなたのご家族とは違う人です。あなたに似た体験があったとしても、あなたがよいと思う方法がこの人にもよい方法かどうかはわかりません。

○より相手にふさわしい解決策を考えるために、もっと情報収集をしようとする支援者もいるかもしれませんが、周囲の状況やご家族のお人柄などをいくら詳しく聞いたとしても、ご本人以上にわかるはずがありません。ご本人が考えることが、ベストの解決策に行き着く唯一の道です。

○支援者がいつも解決策を「教えてあげる」役割をとっていると、相談者が依存的になる（自分で決めたり、自分で選んだりすることを避けて、何でも支援者に決めてもらおうとする＝決定や選択を支援者にゆだね、自分で責任を取らない）恐れがあります。

○相談者が自分で導き出した方法を試してみることで葛藤を乗り越える力をつけていく（達成感を手に入れる）チャンスを、支援者が横取りしていることがあります。「相手のため」のつもりが、実は自分が「よい先輩である私」「役に立てる私」を感じたいためになっていないか、自分の内面をチェックしましょう。

　支援者の役割は、弥生さんが自分で解決できるように手伝うことです。「私が間違っていますか？」という問いには、「間違っていないと言ってほしい」という弥生さんの願いが感じられますが、裏を返せば「本当にこれでいいのか、自信がない。子どもの心に悪いことをしているのか、不安でたまらない」という気持ちもあって、揺れているからこそ支援者を味方につけたいのかもしれません。

　弥生さんは虫歯予防の指導を受けたときどう感じたのか、姑の「かわいそう」という言葉を聞いてどんな感情がわき起こったのか、まずはじっくり聴いてみましょう。弥生さんは、聴き手がいることで話すことができ、話しながら自分の気持ちを振り返って整理する作業に没頭できます。支援者は、ただ一生懸命聴くだけです。その姿勢が、「あなたは自分で解決できますよ」という信頼のメッセージになります。

　もちろん子育てに関わるいろいろな知識や情報、経験的な知恵などを提供することは、支援者に求められる大事な役割のひとつです。アドバイスをしたり参考意見を言ったりしてはいけないのではありませんが、それを伝えるタイミングや言い方には配慮が必要です。

○そのような情報は、相談者が「自分で問題を解決するための道具」として役立てることができます。相談者がその道具を使うかどうか、いつ、どのように使うかは相手が決めることなので、相手が選べるような伝え方を工夫しましょう。

○相談者が、支援者が望ましいと思う選択をしなかったとしても、その人にはそうせざるを得ない理由が必ずあるので、その意思決定を尊重します。支援者の立ち位置は「寄り添う人」であり、相手の力を信じて「待つ」「見守る」姿勢が相談者の自己解決力をはぐくむのです。

【実習Ⅲ】事例3で、弥生さんが「気持ち」を話すきっかけになる質問をしてみましょう。
(回答例 p.26)

5. 相談者の否定的な気持ちを否定しないで聴く

【事例4】五朗くん(3ヵ月)　母親　文さん
いろいろやっても母乳が足りなくて、今はミルク中心になってしまいました。ブログなどで母乳を吸う赤ちゃんの幸せそうな写真を見ると五朗がかわいそうで、申し訳ない気持ちでいっぱいです。母親は笑顔でいるべきなのに、母乳が出ないうえに毎日めそめそして明るい表情もできない私は母親失格ですね。

事例を読んで、どんな言葉が頭に浮かんでいますか？　否定的な気持ちを聴きながら、自分の中でどんな感情が動いていますか？

「そんなことはない」「気にしなくていい」などは、文さんの気持ちを頭ご

なしに否定する反応なので好ましくありません。相手は、つらいことを話せなくなってしまいます。「気にするな」と言われても気になる現実は変わらないので、「気にしないようにできない私はダメ」と、いっそうつらくなってしまう恐れもあります。

　支援者は、「そうした考えがどうしようもなく浮かんできて、つらい」というそのつらさに寄り添います。否定しないで聴いてくれる人がいれば話すことができ、話すことで落ち着くことも多いのです。そのあとで、これまで母乳を出すためにどんな苦労があったのか回想していただいて、努力を認め、ねぎらいましょう。

　文さんご自身が「十分努力した」と思えたあとに、ご本人の見方が変わる材料（あやすとうれしそうに手足を動かし、よい表情で笑う子に育っている、母乳をあきらめたからこそ五朗くんとゆっくり関わる時間がとれる　など）を提供するのもよいでしょう。

6. してほしいようにしてあげる

> **【事例5】　六雄くん（4歳）　母親　葉月さん**
> 乱暴な子で、ちょっとしたことですぐ友達を叩くので困っています。実母に「人の痛みがわからない子は将来事件を起こすようなことになる」と言われ、その場で手を叩いて「叩かれたら痛いでしょう。叩いてはダメ！」と厳しく叱っていますが、一向に改善しません。

　葉月さんは子が思うようにならないことにいら立ち、「叩いてはダメ」と叩きながら言っていて、「言うこと」と「すること」が矛盾しています。子どもは親の「言うこと」ではなく「すること」を見て、まねて、生き方を身に着けます。親が子どもを叩いて言うことを聞かせる行為は、「暴力によって相手を思い通りにコントロールする」という人間関係の取り方のお手本を見せ

ることです。実母がそうした考えなら葉月さんも叩かれて育ち、子に同じことをしている可能性もあります。

「厳しく叱る」から六雄くんが「わかってもらえないいら立ち」をため込み、親のまねをして友達を叩いていることは容易に想像できます。ですが、支援者が葉月さんを叱るのは、葉月さんが六雄くんにしていることと同じなので、不適切な対応です。

葉月さんが六雄くんにしてあげてほしいこと（気持ちを認め、受容的に関わる）を支援者が葉月さんにしてあげることで、葉月さんはそうしてもらうとどんな気持ちになるのか体験でき、「気づき」につながります。気持ちを受容したうえで行動（叩く）を制限する関わり方も、支援者と葉月さんの関わりを通して経験を積めば、葉月さんが六雄くんにしてあげられるようになります。

【実習Ⅳ】事例5で葉月さんの気持ちを認め、受容的に関わるには、どんな言葉をかけるとよいでしょうか。仲間と組んで、ロールプレイをしてみましょう。葉月さん役の人が、「わかってもらえてホッとする」感じになるまで、言い方を変えて実験してみましょう。
(回答例 p.26)

Ⅳ. 支援者の成長と心のケア

1．失敗を恐れない、失敗する自分を許す

支援者も生身の人間なので、うっかり不適切なことを言ってしまうことはあります。重要なのは、失敗しないことではありません。失敗を重ねることで、成長すればよいのです。

ついつい指導的な言い方をしてしまったとき「おっと、いけない」と気づい

たのならOKです。相手が否認したり、怒ったり、ムッとした表情で黙ったり…良かれと思ってしたことに想定外の反応があったとき、「しまった。失敗した」と気づける自分、気づいたら「ごめんなさい」という姿勢を表明できる自分でいられたかどうか、いつも振り返る習慣を持ちましょう！

　失敗はしないほうがよいですけれど、失敗することは避けられません。失敗する自分を認め、失敗から学んで成長できる自分を目指しましょう。支援者がその姿勢で相談者と向き合っていれば、相談者も失敗する自分を許してもいいのだと気づけますし、その親に育てられる子も失敗を許され、安心して成長できるでしょう。

２．支援者自身の心身のメンテナンスを怠らない

　支援の仕事の真髄は、自分の心を使って人と向き合い、人の心に触れることです。支援者のあり方は、よく「相手が自分を映す鏡」にたとえられます。支援者の心がささくれたり波立ったりしていると、相手はゆがんだ鏡に映った自分を見ることになってしまいます。支援者がいつも自分をよい状態に保つことはとても大切です。

　自身の健康に気を配り体調を整えて仕事につくことはもとより、心を適切に解放してストレスをためない方法を身に着けるとか、いつでも相談できるよい指導者（スーパーバイザー）を見つけて小まめに支援を受けるといったことは、相手のためにも自分のためにも大事なことです。

　スーパーバイザーの支援を受けて自分の面接場面を振り返ることをスーパービジョンといいます。支援者にも様々な事情があり、感じ方・反応の仕方のクセがあります。無意識にやっていることは、自分では気づかないまま何度も同じ問題を繰り返すことがあるので、それを意識化するためにもスーパービジョンは大切です。自分が生きた歴史の中で知らず知らず身に着けたものの中には、大人になった現在は不要なもの、相談を受けるには邪魔なもの（かたよった価値観や固定観念など）がたくさんあります。気づくことが、いらないものを手放すための第一歩です。

実習の回答例

【実習Ⅰ】 「ご自身は朝ごはんを食べるヒマもないのに、一也くんのために毎
(p.18) 日パンと野菜ジュースはあげるようにしているんですね」
「買えるものの中で一也くんが食べられる野菜料理はないかと、いろいろ試したり考えたりしていらっしゃるのですね」

睦美さんは、内心「よい食生活ではない」とわかっているからこそ「悪い親」を演じているのでしょう。ホンネはできない自分を責め、不安でたまらないのかもしれません。ダメ出しの指導より、できていることを承認するほうがやる気が出ます。

【実習Ⅱ】 「弥生さんとしては四葉ちゃんの虫歯が心配で、甘いものはあげた
(p.20) くないのにお姑さんがお菓子を持っていらっしゃるので、お困りなのですね」

ここは支援者の思いをいったん棚に上げて、あくまでも「弥生さんが」どう感じているかを確認する作業です。「心配」「困る」など気持ちを表現する言葉を使うと、相手が自分の感情に気づくきっかけになります。

【実習Ⅲ】 「『子どもの虫歯は親の責任』と言われて、結構プレッシャーに感じ
(p.22) ましたか？」
「お姑さんに『かわいそう』なんて言われると、弥生さんの胸の内はどんな感じなのでしょう？」

【実習Ⅳ】 「六雄くんが人の痛みがわかる子に育つようにと、一生懸命言い聞
(p.24) かせているのですね」
「いくら言っても六雄くんにわかってもらえないのは、相手の親御さんもいることですしお困りでしょうね」
「叩いて叱るのは、葉月さんにとってもおつらいことなのではありませんか？」

第2章

支援者のための基礎知識

ウイルス
~殺す薬はないが、自然治癒も多い~

細菌やウイルスという言葉は日常的にはまとめて「バイキン」と呼ばれ、「病気を起こす怖い微生物」といったニュアンスで使われています。似たようなものと考えている人も多いと思いますが、大きさや姿かたちはもちろん、増える仕組みが全く違うので予防や治療の考え方も違います。「ウイルス」というものの実体を知って、付き合い方を考えてみましょう。

●ウイルスは生物じゃない？

　この世のすべての生物は細胞からできています。私たち人間のからだは数十兆個に及ぶ細胞からできていて、骨や血管などもたくさんの細胞で構成されています。

　細菌はたったひとつの細胞でできているのですが、ちゃんと自分で栄養を取りこみ、自力で増えて子孫を残していく一人前の生き物です。細胞の中には、栄養素を分解して生きるために必要なエネルギーを取り出す発電所（ミトコンドリア）や、自分の複製をつくるために必要なたんぱく質の合成工場（リボソーム）など生命活動を営むための器官がそろっています。

　ウイルスは細菌よりずっと小さく、普通の顕微鏡では見ることができません。それは、ウイルスが細胞ではないからです。遺伝子（DNAかRNA）だけが殻に収められているような構造で、発電所も合成工場も持っていないため、自分では生きることも増えることもできません。ですから「ウイルス自体は生物ではない」というのが専門家の一般的な考え方です。

●ウイルスは食品の中では増えない

　では、ウイルスはどうやって増えるのでしょうか？
　カッコウが他の鳥の巣に卵を産みつけて、その巣の家主にわが子を育てさせ

るように、ウイルスは自分の遺伝子（設計図）どおりの複製を他の細胞につくらせてしまいます。ウイルスが感染した細胞の中で大量に増えると、家主（専門用語では宿主といいます）の細胞は壊れ、ウイルスがばらまかれて他の細胞に次々感染していきます（宿主の細胞を壊すことなく静かに同居を続けたり、穏便に隣の細胞に感染していくタイプのウイルスもあります）。

　ですから**ウイルスは他の生きた細胞に感染したときにだけ、まるで生物のように増えて、宿主に被害を与える**（病気にさせる）ことになるわけです。空気や水などの環境の中で増えることはないし、食品（死んだ細胞）の中で増えることもありません。

　近年ノロウイルスによる食中毒が問題になっています。このウイルスも、細菌のように食品の中で増えることはありません。一般的な食中毒は、細菌が食品の中でかなりの数に増えているのを知らずに食べることで起きるのですが、ノロウイルスは細菌性の食中毒とは別格で、表面に着いたごく少数のウイルスだけで（食品の中で増えなくても）感染が成立するようです。手や器具から食品に付着したほんの少しのウイルスが口から入って腸管まで行き着くと、小腸粘膜の細胞に感染してそこで大量に増え、発病に至ることがあります（からだに備わった防衛網で抑え込むことができれば、発病しないことも少なくありません）。

　海水中のノロウイルスを取り込んだカキなどの二枚貝が感染源として知られていますが、生きたカキの体内でもノロウイルスは増えません。ここがウイルスのおもしろいところなのですが、ヒトなどある種の動物の腸の細胞にたどり着いたときにだけ増えて病原性を発揮するのです。

● ウイルスは「面食い」、相手を選ぶ

　ウイルスは生きた細胞に感染して増えるのですが、相手の細胞はなんでもよいわけではなく、激しくえり好みします。細胞に感染するには特注の部品が必要なためで、たとえば肝炎ウイルスは肝臓の細胞にしか感染しないし、エイズの病原ウイルスHIVは血液中にある特定のリンパ球にしか感染しません。皮膚にHIV感染者の血液などが付着したとしても、そこに傷がなければウイルスは血液の中に入れないので感染に必要な部品を持っているリンパ球に出会え

ず、感染は成立しません。

逆に鼻の奥の粘膜細胞に感染できるウイルスはみな風邪症状を起こしますから、風邪の原因ウイルスは200種類以上も見つかっています。

●ウイルスを攻撃する薬をつくるのはむずかしい

細菌を殺したり活動できなくしたりする抗生物質や抗菌剤はたくさん開発されています。耐性菌などの問題はありますが、基本的には細菌による病気の多くは薬で治療できるようになりました。

一方ウイルスに有効な薬はまだわずかです。そもそもウイルスは「生き物ではない」のですから、殺すことができません。また宿主（感染した人）の細胞の中で増えるのですから、人の細胞を傷つけないでウイルスだけを攻撃する薬をつくるのは無理難題と言えます。研究は進んでいますが、**風邪などのウイルス性の病気の多くは「安静や対症療法（咳を止めるとか熱を下げるといった表面的な症状をラクにする治療）で体力を温存して、自力で治るのを待つ」という方法で対処している**のが現状です。

インフルエンザと水ぼうそうのウイルスに対しては、感染早期なら有効な薬が開発されています。感染した細胞の中で、ウイルスが増えるために欠かせない遺伝子のコピーができないようにするなどの方法で増殖を抑える薬ですから、ウイルスが増えてしまってから使っても効きません。早めの受診が勧められるのは、このためです。

●ウイルス性の病気は自然治癒を期待できる

「治療薬がない」と聞くと不安になるかもしれませんが、ウイルス性の病気は細菌性の病気よりからだが対処しやすく、自力で治ることが多いのです。ウイルスは生きた細胞に寄生しないと増えられないのですから、宿主を殺してしまっては元も子もありません。共生できる仕組みがあるからこそ、ヒトもウイルスも絶滅しないで進化してきたのです。

もちろんウイルス性の病気が重症化することもありますから油断はできませんが、むやみに恐れすぎることもありません。

●新顔ウイルスの正体

　最近「風邪だと思っていたら『RSウイルス感染症』と診断されビックリ」という話を耳にするようになりました。顕微鏡で見れば確定できる細菌の病気と違い、ウイルスの病気は原因を確定するのが困難ですが、ここ数年いくつかのウイルスについて特殊な方法で簡単に感染を確認できるようになりました。RSウイルスもそのひとつです。新しいウイルスが急に出てきたのではなく、詳細な診断がつくようになったということです。ノロウイルス感染症も、少し前まで「おなかに来る風邪」ですんでいました。たまに重症になることがあるこうした病気が確実に診断され、慎重に経過を見られる意義は大きいと思いますが、大部分は風邪として「かかって治って通過してきた病気」だということも忘れたくないもの、と私は感じています。

細菌（抗生物質と耐性菌）
〜「薬が効かない」とあわてないために〜

細菌は単細胞の生物で、適度な温度と湿度、栄養があれば増殖します。このとき遺伝情報をコピーして分裂するのですが、ミスコピーなどで偶然異なる性質を持つ菌が生まれることがあります。ひっきりなしに分裂する細菌ではそうした変異が起こる頻度が高く、近年薬が効かない細菌（耐性菌）が増えているという深刻な問題が起こっています。

先進国では、細菌による病気で命を落とす子どもの数はここ数十年で激減しました。清潔な水や十分な食べ物といった環境の改善に加え、薬で多くの細菌感染症が治せるようになったこともその大きな要因ですから、薬が効かない細菌の出現に専門家は危機感を持っています。

●常在菌が赤ちゃんを守る

　胎児は、母親の肺で取り込んだ酸素や、母親の胃腸で消化吸収した栄養素をもらって成長します。しかも母親の体内に侵入するバイキンは母親の免疫の働きで片っぱしから排除していますから、胎児は普通ほぼ無菌の環境で育ちます。出生の瞬間、赤ちゃんはペチャンコだった肺にこの世の空気を吸い込み、産声とともに吐き出します。空気中の雑菌が赤ちゃんの鼻から気管へと取り込まれ、バイキンとの長いお付き合いが始まる瞬間です。お母さんのおなかから出てくるときに産道にいた菌や、抱っこされる手、話しかけられるときの飛沫、服や寝具などからも様々な細菌が赤ちゃんの皮膚や粘膜に移行しますし、おっぱいを吸えばママの乳頭に住みついていた細菌が一緒に飲みこまれて赤ちゃんの消化管に運ばれます。

　こうして新生児のからだの表面（皮膚と、呼吸器・消化器の表面をおおう粘膜）には生まれて間もなく1000種類にも及ぶたくさんの細菌が住みつきます。これらの菌（常在菌といいます）の大部分は病原性がなく、無害なばかりか赤

ちゃんの健康を守るためにとても重要な役割を果たしています。

　最初に無害な菌が一面に住みついてしまえば、あとから病原菌が入ってきても取りつく余地がありませんから、そのまま垢や便などとともに排除されてしまいます。常在菌の中には体力が落ちたときに増えて悪さをする弱毒性の菌もありますが、こうした菌の活動を抑えておくために絶えずゆるく免疫機能が働いているので、いざ強毒性の病原菌が入ってきたときにはすぐに免疫系がフル稼働に切り替わって撃退できます。**からだの表面をおおい尽くす多種多様な常在菌は、私たちが多くの病原菌と共生するための大事な防衛網です。**

● **病原菌が体内に入っても、病気にならないことは多い**

　最近増えている除菌関連商品のCMの映像を見ていると、テーブルやまな板、部屋のほこりなどに細菌がいるとすぐにも病気になってしまいそうな気分になるかもしれませんが、そうした普段の生活空間で日常的に出会う細菌の大部分は病原性のない「雑菌」です。だからこそ、そのような商品がなかった時代にも子どもは無事に育ってきたわけです。

　病原菌はどこにでもいるのではなく、菌を持っている動物（魚や肉などの食材）や感染している人の便などから調理器具や手を介して食べ物につき、食べ物の中や食べた人の体内で増えれば病気を起こす可能性があります。ですから生ものを扱った手や器具の洗浄、排便後の手洗いは大事ですし、免疫力の弱い高齢者や乳児、病気や過労などで体力が落ちているときなどは十分に加熱したものを食べるなどの配慮は必要かもしれません。ただ仮に病原菌が口から体内に入ったとしても多くの菌が胃液で死にますし、絶えずバイキンを排除することで免疫系が発達するという面もあります（実験的に無菌環境で育てたマウスは腸管が薄く、免疫系が未発達で寿命が短いことが知られています）。

　細菌はすべて排除しないと危険なのではなく、ほどよい距離感で上手にお付き合いしていく生態系の仲間です。リスや小鳥のように無害なものも、熊やサメのように危険なものもありますが、知恵を使って共生しつつ危険な事態になったときだけ排除すればよいのです。

● **細菌は猛スピードで進化する**

　多くの細菌は、他の菌の活動を封じ込めたり殺したりする物質を放出して、

自分が必要な栄養を取るための縄張りを確保します。これを取り出して薬にしたのが抗生物質で、同様の働きをするものを人工的に合成した薬とあわせて「抗菌薬」と呼びます。

　抗菌薬は病原菌を殺してくれますが、病原菌のほうもただやられっぱなしではありません。抗菌薬を使い始めると間もなく、薬を分解したり薬を取り込まないようにしたりする仕組みを持つ菌が突然変異などで生まれてきます。細菌はひっきりなしに分裂増殖しているので、こうした変異によって新しい性質を持つ菌が生まれる確率もとても高いのです。ひとたび薬が効かない菌が生まれれば、薬を使うたびに薬が効く菌が死にますから、やがて効かない菌ばかりがはびこることになります。また、薬は病原菌だけでなく味方の常在菌も傷つけます。防衛網が破られ、病原菌が増えやすい環境になるということです。

●抗菌薬の使用をやめれば耐性菌は消える

　耐性菌に効く新しい薬も開発されていますが、その薬にも耐性を持つ菌が生まれ、その菌に効く薬をつくってもまた耐性菌が生まれるというイタチごっこが現在も続いています。

　とはいえ、希望もあります。耐性菌は薬が作用しないようにする余計な仕組みを持っているため、自分のコピーをつくるのに手間がかかり、薬が効く菌より分裂増殖するスピードが遅く、薬がない環境なら薬が効かない菌が増える前に薬が効く菌がどんどん増えるので、服薬をやめれば体内の耐性菌はじきに消えていくことがわかっています。

　抗菌薬は、危険な病原菌に感染したときには必要な薬です。そのとき薬が効くからだにしておくために、薬がなくても治る病気で抗菌薬を使わないことが大切なのです。もちろんその判断をするのは医師ですが、私たちが医師を信頼して必要なときに必要なだけの薬を正しく使う「賢い患者」になることも、適切な医療を進めるために大事なことです。

炎症
～本来は自然治癒の主役を担う防衛反応～

　私が今ここにいるのは、医薬品はもちろん清潔な水や食べ物もなかった時代にご先祖様が無事に生き延び、子孫を残してくれたおかげです。野生的な暮らしの中ではケガをしたり病気になったりすることも多かったに違いありませんし、そのために命を落とすことも現代よりは多かったでしょう。それでも多くの人が生き延びてちゃんと子どもを産み育ててきたからこそ、今の私たちの生活があるわけです。私たちのからだには、ケガや病気などのトラブルに遭遇すると、それに対処してからだを元の状態にもどそうとする巧妙な仕組み（自然治癒力）がたくさんあります。炎症はその主役を担うもの。すべての人が生まれつき持っている、素晴らしい防衛反応です。

●血液が増えるから赤く見える

　お医者さんが「ああ、ノドが赤くなっていますよ。風邪ですね」と言ったとき、ノドでは何が起こっているのでしょう。

　もちろん、赤い色の正体は血液です。ノドで炎症が起こると、そこに普段よりたくさん血液が入ってくるので腫れるし、赤く見えます。たぶんノドの細胞にウイルスが感染し、粘膜が壊れ始めたのをからだが察知して、戦闘モードのスイッチが入ったのでしょう。皮膚や粘膜は、からだの中と外の境目、からだの内側の安全を守る最前線ですから、様々なバリア機能がそなわっています。そのバリアが傷ついたら一大事。侵入したウイルスをつかまえて排除したり、壊れた粘膜細胞の残骸を片づけたり、バリアが壊れたところでバイキンが増えるのを阻止したり、新しい細胞をつくってバリアを修復したり、そうしたいろいろな作業を大急ぎで行わなければなりません。その作業を行うために、組織が傷つくとその付近の血管を広げ、普段より多くの血流を確保できるようにす

るのです。これが炎症の最初のステップです。

●血液の成分がしみ出して被害を抑える

　血液が心臓を出るときの血管（大動脈）の太さは直径２〜３cmありますが、これが枝分かれを繰り返してだんだん細くなり、いろいろな組織の細胞一つひとつに酸素や栄養素を届けるところまで行くと、100分の１mmほどのとても細い血管（毛細血管）になります。太い動脈や静脈は細胞が何層にも重なった丈夫な構造ですが、毛細血管の壁はとても薄くて、一層の細胞が連なっているだけです。細胞と細胞のつなぎ目にはすき間があって、いわば布でつくったホースに水を流すような感じ。流れが速ければ、すき間だらけのホースでも水はそれほどしみ出しません。

　炎症が起こると、この毛細血管が広がります。血管が広くなると中の血液が流れる速度が遅くなるので、毛細血管をつくっている細胞のつなぎ目から血液中の成分がしみ出しやすくなります。たとえば白血球がスライムのように毛細血管の細胞のすき間から傷ついた組織のほうへ出てくると、病原菌や壊れた粘膜の残骸などを取り込んで分解してくれますし、侵入者に関する情報を免疫系に伝えて次なる対抗手段を打つ引き金ともなります。

　血漿（血液の液体成分で、栄養素や抗体、細胞増殖を促す因子など様々なものを含んでいる）も、血液の流れが遅くなると普段より多くしみ出します。炎症部位が腫れたり、涙や鼻水、タンなどが増えるのはこのためですが、それも侵入した異物やバイキンを洗い流し、粘液でからめ取って体外に捨てたり、新しい細胞をつくって壊れた組織を修復したりするために大いに役立ちます。

　こうした働きが功を奏して、外敵が侵入したからだの表面（この例ではノドの粘膜）で防衛に成功すると、炎症を起こす物質は中和されて消え、血管からのしみ出しが正常に戻ります。しみ出した水分や不要となった諸々のものはリンパ管を通って排泄され、赤みや腫れが引きます。

●発熱という防衛作戦

　白血球など、異物を食べて分解する働きを持つ細胞は、病原菌を取り込んで分解すると同時に、脳の体温調節中枢に働きかけて熱を上げる物質をつくります。発熱にも、重要な生体防衛の意義があります。風邪などのウイルスは低温

のほうが増えやすいので、体温が上がると増えるペースが落ちますし、白血球が外敵を食べる作用が活発になり、免疫機能も高まります。

　感染に対応して、からだを守るために自ら熱を上げる仕組みにはちゃんとストッパーがかかっていて、脳細胞を壊すほどの高さ（およそ42度）になることはありません。**脳炎や髄膜炎といった病気（中枢神経系の炎症）で高熱が出ている場合は脳障害が起こる恐れがありますから一刻も早く受診しなければなりませんが、風邪（呼吸器系の炎症）や胃腸炎（消化器系の炎症）が原因なら、高熱が続いても熱によって脳に異常をきたすことはありません。**遊べる元気があってほどほどに飲食ができるときは、薬で下げなくてもよいのです。

●**症状は自分を守り、治すために奮闘するからだのがんばり**

　皮膚のトラブルで炎症が起これば皮膚炎、胃なら胃炎、腎臓なら腎炎と、多くの病気の名前に「炎」がついているように、からだに危害が加わるとまずは炎症が起こります。小さなトラブルは絶えず起こっていて、その都度軽い炎症反応によって本人も気づかないうちに修復されていますが、症状が強くなれば「病気になった」と認識されることになります。たとえば風邪は、鼻やノドの粘膜で起こった感染に対してからだが炎症反応を起こして一生懸命ウイルスを排除し、ウイルスにやられた粘膜をつくり直して元の健康なからだに戻そうとがんばってくれている、ということです。

　組織の傷つきが大きすぎたり、からだの防衛力が弱かったりすると、炎症の仕組みだけでは対処しきれず重症化することになりますから医療の助けが必要ですが、多くの病気はその炎症症状のおかげで自然治癒に向かうということも、ぜひ知っておきたいものです。炎症が起こったら、無理せずなるべく安静に過ごすことが、自ら治ろうとがんばってくれているからだへの思いやりです。

感染経路と感染期間
～うつる病気の「うつり方」を表す言葉～

「うつる病気」と聞くと、なんとなく近づいたらうつるような気がする方が多いかもしれません。実際は空気感染する病気は案外少なく、一緒にいるだけではうつらない病気のほうがずっと多いのです。逆に症状が出る前や治ったあとの人、感染しているのに何も症状が出ない人など、病気ではない人の飛沫や便などが感染源になることもあります。うつる病気のうつり方を正しく知って、適切な対応ができるようにしておきましょう。

● インフルエンザは飛沫感染、2ｍ離れればうつらない

　よく知られている病気の中で空気感染するのは結核、麻疹（はしか）、水痘（水ぼうそう）くらいです。特に麻疹と水痘は感染力が強く、予防接種をしていない子が病児と同じ部屋で過ごすとほぼ100％感染してしまいます。水痘はワクチンの効果が１回では80％程度と低め（２回接種でほぼ100％になる）のため、予防接種をしていてもかかってしまうことがあります。

　これに対してインフルエンザ、流行性耳下腺炎（おたふくかぜ）、百日咳、風疹、溶連菌感染症、マイコプラズマ感染症などは空気感染することはなく、飛沫感染と飛沫がついた手や物からの接触感染でうつります。**飛沫感染**とは、感染している人が咳やくしゃみをしたときに口から飛ぶ小さな水滴（中に病原菌がたくさん含まれている）を近くにいる人が吸い込んで感染することです。飛沫は１ｍ前後で落下するので、感染源となる人から **１〜２ｍ** 離れれば感染する可能性はかなり小さくなります。

　接触感染には、たとえば水痘の発疹の中の液が感染源となり、からだが触れ合うことでうつるというような直接接触感染と、飛沫がついたもの（ドアノブ、手すり、遊具など）に触れた手で目や鼻などをこすり、そこから病原菌を取り込むことでうつる間接接触感染があります。保育者は子どもの鼻水を拭いてあ

げたあとなど、**手に飛沫がついたらこまめに洗う**ことが他の子やいろいろな場所に病原菌をつけないために大切になります。

　子どもがよく触れるものをアルコールか塩素系の消毒薬で拭くことも有効ですが、ものに飛沫がつくたびに消毒するのは現実的ではありません。咳エチケット（咳やくしゃみの症状があるときはマスクをかける・マスクがなく飛沫が飛びそうなときは他の人から顔をそらせ、口と鼻をティッシュでおおう・間に合わない場合も手ではなく服の袖でおおう）で、できるだけ飛沫をものにつけないようにすることが大切です。保育者はもちろん子どもにも、年齢に応じて教えていきましょう。使用後のティッシュはポケットなどに入れないで、できればふた付きのゴミ箱にすぐに捨てます。

　前述の結核、麻疹、水痘には、空気感染と同時に飛沫感染や接触感染もあります。

●**手足口病は、治ったあとのオムツ替えにも注意**

　手足口病、ヘルパンギーナ（夏かぜ）も空気感染はありません。症状があるときは飛沫感染と接触感染に気をつけますが、これらの病気の原因ウイルスは鼻やノドから1～2週間、便からは1ヵ月以上排出されます。病中はもちろんですが、すっかり治って元気になったあとも便は長期間感染源になるので、**排便のケアをしたらしっかり手を洗ってください。**

　便中の病原菌が排せつ処理後の手や、その手で触れたものを介して他の子の口から体内に入るルートを**糞口（経口）感染**といいます。ロタウイルス、ノロウイルスなどが原因の嘔吐下痢症は糞口（経口）感染が主なルートですが、飛沫感染や接触感染もあります。ノロウイルスは吐物の感染力も強く、乾燥して空気中に舞い上がると空気感染も発生しうるとされているので、**汚染された場所は手早く拭き取ったあと消毒します。**アルコールはノロウイルスに対する作用が十分ではないので、塩素系の消毒薬を使います。脱色されると困るものなら、熱湯やアイロンのスチームなどで高熱処理します。

●**水痘は、症状が出る前から感染力がある**

　感染した人から他の人へ感染する可能性がある時期を**感染期間**、感染してから発病までの時期を**潜伏期間**といいます。

たとえばインフルエンザは１〜４日の潜伏期間で発病しますが、感染期間は熱が出る１日前から７日目頃まで。水痘の潜伏期間は通常14〜16日（10日未満や21日程度になることもある）、最初の発疹が出る１〜２日前からすべての発疹がかさぶたになるまでうつります。麻疹の潜伏期間は８〜12日、発熱の１〜２日前から発疹が出たあと４日目頃までうつります。

　このように多くの感染症は明らかな症状が出る前から感染力があります。特に麻疹はとても重い病気ですが、最初は微熱と咳やくしゃみ程度で風邪と区別がつきません。この時期に強い感染力があるので、予防接種が未接種でその時期に一緒に過ごした子の保護者には病児と接触があった日を知らせてください。72時間以内に予防接種を受ければ効果が期待できます。また病児と接触して８〜12日後に風邪のような症状が出てきたら外出を控え、麻疹の可能性があることを電話連絡したうえで受診するよう保護者に必ず伝えてください。

　水痘は、健康な幼児なら発症しても麻疹ほど深刻ではありませんが、乳児や持病を持っている子など心配なケースもあります。病児と接触してから72時間以内に受診すれば予防措置が取られることがありますから、麻疹と同様に感染の恐れがある子の保護者には接触があった日を知らせてください。感染の拡大を防ぐために、症状が現れる時期（接触した日から10〜20日前後）には発疹がないか注意深く観察して、受診が遅れないようにしていただくことも必要です。

● 発病しない人からもうつる百日咳

　感染しても症状が出ないまま治ってしまうことを**不顕性感染**といいます。風疹、流行性耳下腺炎（おたふくかぜ）、インフルエンザ、百日咳などは感染した人の30％前後が不顕性感染で、発病することなく免疫ができます。ですが症状がなくても飛沫には病原菌が含まれ、他の人が感染することがあります。

　麻疹や水痘はほとんど不顕性感染がありませんが、日本脳炎は99.9％が不顕性です（ただし日本脳炎は人から人にはうつりません）。

　Ｂ型肝炎も発病していない人からうつる可能性がある病気ですが、主な感染経路は性行為と出産時の母子感染で、感染源となるのは血液や体液だけですから日常生活でうつることはまずありません。日本では1986年以降母子感染の予防措置がとられているので、そのあとに生まれた子が感染していることはま

ずありませんから、子ども同士の触れ合いや唾液などによる感染の心配はありません。感染者の血液が他者についたとしても、B型肝炎ウイルスは傷のない皮膚から体内に入ることはできません。感染者の血液中のウイルスが他の人の傷ついた皮膚から侵入するリスクを避けるために、カミソリや歯ブラシなど**皮膚や粘膜を傷つける恐れがある器具の共有は念のために避けます。**

　エイズウイルスの感染経路もB型肝炎とほぼ同じ（感染力はB型肝炎よりはるかに弱い）なので、上記の対応ができていればエイズ対策にもなります。

　感染症はどんなに気をつけても、いつでも誰でもうつす側になり得るのですから、**感染者を排除するのではなく、うまく共生していく社会を築かなければなりません。**あなたの予防教育が子どもたちの中に漠然とした不安感を植え付け、感染者に対する偏見や差別を生みだすものになっていないか点検してください。

発熱
~体温以外の情報が重要な判断材料~

体温は誰でも簡単に計れて、具体的な数字で体調を把握できる便利な情報のひとつです。でも高熱でも心配ないケースは案外多く、逆に高熱でなくても急いで受診する必要がある場合もあります。保育者・支援者に求められる役割は、ポイントをおさえて観察を続け受診のタイミングを適切に判断することと、病児が少しでも心地よく過ごせるように配慮すること、受診時に保護者が困らないように情報を共有することです。

●発熱には、上がり過ぎを止める機能がある

　私たちのからだには、病原菌が侵入したときにそれを排除したり、壊された組織を修復したりして健康を回復する仕組みがたくさんあります。発熱も、そのひとつ。人の病気に関連するウイルスの多くは平熱でよく増え、高体温の環境では増殖のペースが落ちますし、発熱に伴って代謝が上がるので、外敵を迎えうつ免疫物質を増産したり感染した粘膜の細胞を取り除いて新しい細胞をつくったりといった様々な反応の効率がよくなります。ですからからだは外敵の侵入をキャッチすると、脳にあるセンサーの設定温を平熱より高くセットして、わざわざ自分で体温を上げるのです。

　感染による発熱は自分を守るための防衛反応ですから制御システムがきちんと搭載されていて、**生命に危険が及ぶレベル（およそ42度）まで上がることはありません**。高熱が何日も続いても、熱そのもので脳に障害が起きることはありません。**子どもが比較的元気で、ある程度の飲食ができるようならあわてて熱を下げる処置をしなくても大丈夫です**。ただしこれは感染防御のために自ら体温を上げる「発熱」の場合です。熱中症のように高温環境で、外から入ってくる熱によって体温が上がる「うつ熱」ではこうした制御が働かないので、42度を超えてしまうことがあります。(p.45 「クーリング」参照)

●呼吸や意識状態が悪いときは緊急事態

　通常の発熱で脳が侵されることはありませんが、感染が中枢神経にまで及ぶ脳炎や髄膜炎、免疫系の過剰な反応による脳症など、熱のせいではなく感染によって脳に異常が起きることがまれにあります。熱に加えて次のような**脳機能の異常かもしれないサイン**が見られたら、一刻も早く受診してください。

・なんとなく元気がない、ぐったりした感じ、もうろうとして反応が鈍い、とろとろ寝てばかりいる
・いつになく機嫌が悪い（泣く、ぐずる）、不自然に嘔吐を繰り返す
・うわごとや奇妙な言動（幻覚、錯乱、おびえなど）
・けいれんが数分以上続く、または繰り返す

　熱に加えて嘔吐や下痢があり、水分の喪失が大きいときは**脱水の兆候**に気をつけます。唇の乾燥や尿量の減少が見られ、口からの水分摂取がむずかしい場合（吐き気が強いとか意識がはっきりしないなど）は早めの受診が必要です。
　また**呼吸が苦しそうなとき**は、熱がさほど高くない場合でも要注意です。呼吸がうまくいかないと命の危険が生じます。次の観察ポイントをおさえて、受診のタイミングが遅れないよう保護者に伝えてください。保護者は熱の高さだけで判断しがちなので、専門職としての保育者・支援者の判断を伝えて理解を得ることが大事です。

・呼吸が速く、浅く、荒い感じ
・小鼻がぴくぴくしている
・息を吸うとき肩が上がる、ノドの下中央あたりが穴状にへこむなど、がんばって呼吸している感じ
・顔色が青白い、唇の色が悪い、熱があるのに手足が冷たい
・胸に手を当てると細かい振動を感じる、胸に耳を当てるとゼーゼー聞こえる

　そのほか、**途切れめなく続く腹痛**など熱以外の症状が重なっているときは早く受診したほうがよいですし、**微熱が何週間も続くとき**や、**３カ月未満の乳児の発熱**は必ず受診してください。

●治るのを待つ期間をよりラクに過ごすケア

　子どもの発熱は親を不安にさせますが、多くは子ども自身の免疫力で回復に向かいます。重症化のサインを見落とさないように見守りながら「自然治癒を待つだけ」でよいケースがほとんどです。その期間を少しでもラクに過ごせるように、寒気がある間はあたため、熱が上がりきって暑がるようになったら涼しくしてあげましょう。額などを冷やすと気分がよいようならそれもよいですが、解熱効果はないのでいやがるなら必要ありません。やさしく話しかけたり、うちわであおいだり、おしぼりで汗を拭いてあげたり…大人がいたわりの心をもってゆったりと接してあげることが子どもを安心させ、自然治癒を促進します。

　寝ぐずりや飲食が進まないなどの様子が見られるときは、**医師処方の解熱剤があればそれを使って少し熱を下げてあげると、脱水を予防し体力を温存して自然治癒を助けることにつながります**。平熱近くまで下がらないと心配する保護者もいらっしゃいますが、ほんの少し下がるだけでも（38.5度以下にならなくても）気分がよくなって授乳や睡眠が確保できます。それだけで十分なことを伝えてください。

●食事は、食べられるものを食べられるだけ

　食欲があれば普段の食事でよいのですが、消化のよいもののほうが負担は少ないかもしれません。発熱時はたんぱく質やビタミンなどの需要が増すので、おかゆやうどんばかりでなく卵や豆腐、脂の少ない魚や肉類、煮野菜や果物なども食べやすい調理形態で出してあげるとよいでしょう。

　食欲がないときは、食べられるものを食べられるだけで大丈夫。熱があると冷たいものがほしくなるので、アイスクリームやプリン、りんご果汁などでもよいと思います。下痢を伴っていても、おなかに行きつく前にあたたまってしまう程度の量なら問題ありません。

　「普段ダメなことを病気だからと許したら、あとで困る」と思われる方もいらっしゃるかもしれませんが、**病気のときだけの特別扱いはとてもうれしいものです**。しつけは一時中断して、「**愛され大事にされる心地よさを経験して、自己肯定感を高める機会**」ととらえてみてはいかがでしょうか。大人にやさしくしてもらった子は、きっと他者にやさしくできる子に育ちます。

クーリング
〜熱の種類によって、冷やす意味が違う〜

クーリングとは、熱くなったからだを冷やすこと。具体的な方法は本などでよく目にすると思いますが、からだで何が起こっていて、どういうときに何のために冷やすのかは案外知られていない感じがします。誤解で無意味な（ときには有害な）クーリングをしている方も多いので、保育者・支援者は正しい知識をもって子どものケアや保護者への情報提供を行ってください。

体温が上がる原因はたくさんありますが、ここでは日常的に出合う「感染に対処するための**発熱**」と、「高温環境に体温調節の仕組みが追いつかない**うつ熱**」の二つについて説明します。ザックリ言えば、からだのためにクーリングが有効なのはうつ熱のとき。風邪などによる発熱でクーリングを行うのは、気分をよくして自然治癒を助けるためです。

●皮膚が冷たくなると、からだから逃げる熱が減る

　私たちの体温（内臓などからだの深部の温度）はだいたい37度くらいに保たれていて、外気温が変わってもほとんど変化しません。これは脳の中にセンサーがあって、脳を流れる血液の温度が設定温度（37度前後）より高くなれば熱を下げ、低くなったら上げる仕組みがあるからです。

　ぬるま湯を入れた鍋を火にかけ、温度計を入れて37度に保つ実験をイメージしてください。フタをして熱をため、だんだん温まって37度を越えたら、火を弱めたりフタをとって熱を逃がしたりします。それで37度以下になったら火を強めてフタをかけ、37度を越えたらまた下げる作業。この繰り返しです。人間でいうと、体温が脳にあるセンサーの設定温度より低くなると体内で栄養素を燃やして熱をつくる反応を増やし、同時にからだの表面の血管を縮めて逃げる熱の量を減らします。寒いと皮膚が青白くなるのは、からだの表面の血管

が細くなって温かい血液が入ってこなくなるからです。冷たい外気に触れる血液の量を減らして、深部の温度が下がるのを防いでいます。脳を流れる血液の温度が設定温度より高いときは、栄養素を燃やす反応を減らし、皮膚の血管を広げて温かい血液を外気で冷やします。運動すると汗をかくのは、筋肉から発生する熱を効率よく逃がす作戦です。体表面が湿っていると、その水分が蒸発するときに熱が空気中に放散します。

●**発熱時にからだを冷やしても体温は下がらないけれど、無意味ではない**

　風邪で熱が出るのは、侵入したウイルスの増殖を抑えたり傷ついた鼻やノドの粘膜を修復したりするために、からだが自らセンサーの設定温度を上げるからです。37度の設定が急に39度になったら、体内でより多くの栄養素を燃やしたり、皮膚の血管を縮めて放熱を減らしたりして熱をためます。顔色が悪く、寒気を感じるこの時期は、衣類や寝具で保温をはかります。こうして体温が新しい設定温度まで上がると、今度はこの温度を保つように調節が始まります。設定が39度なら、これより上がれば下げ、下がれば上げる反応が起こるので、ここでクーリングをしても解熱の効果は期待できません。

　でも大丈夫。**からだがセンサーの設定温度を上げて自ら熱を出している場合は、ちゃんと上がり過ぎを防ぐ制御システムが働いて、脳細胞がこわれたり代謝などの生命活動に支障が出たりする温度（およそ42度）まで上がることはありません。**

　感染による発熱は基本的には防衛反応なので見守るだけでよい(注)のですが、ぐずって寝つけないとか、ぐったりして哺乳量が著しく減るといった症状があるときには冷却シートを額に貼ったり水枕を使ったりしてクーリングを試みる価値はあります。**目的は解熱ではなく、「頭がひんやりして気分がよくなる」ことによる睡眠や水分摂取の確保**です。風邪を治す薬はないので自分の体力で自然治癒するのを待つよりありませんが、その間を乗り切る手助けのひとつといえます。熱を下げる効果がなくても、周囲の人が何かしてあげたい気持ちに駆られてクーリングをするのは自然なことですし、子どももケアしてもらう心地よさや安心感を受け取ることができます。ただ子どもがいやがるようなら、その方法は気分が悪いのでしょうから別の手だてを考えたほうがよいのです。静かにうちわであおぎながら好きな歌を歌ってあげるなど、子どものしんどさ

にゆったりと寄りそう余裕がほしいところ。くれぐれも「ちゃんと冷やしておかないと、お熱が下がりませんよ！」などと叱らないでくださいね。また額の冷却シートは、ずり落ちて鼻と口をふさいでしまった死亡事故が起こっていますので、寝ついたらはがした方が安全です。熱を下げたり病気を治したりする効果はないので、就寝中に貼っておく意味はありません。

●クーリングが生死を分けることもある

　着せ過ぎ掛け過ぎなどで顔が赤くなるのは、熱を逃がすために皮膚の血管が広がるからです。脳のセンサーは平熱に設定されているのに、放熱が追いつかなくて体温が上がっている「うつ熱」の状態ですから、涼しくしてあげればすぐに平熱にもどります。

　熱中症もうつ熱で、センサーの設定は平熱ですからクーリングで体温を下げることができます。ですが外から入ってくる熱があまりに多すぎ、さらに湿度が高くて汗をかいても蒸発しにくいといった条件が重なって体温が上がっている場合は、**自分で熱をつくる感染時の発熱とは違って上がり過ぎを止める制御システムが働きません。クーリングが救命の鍵となります。**

　熱中症が疑われるときはまず涼しい場所に移し、意識がはっきりしていれば水を飲ませます。衣服を緩め、皮膚が汗で湿っていればそのまま大きめの布など（バスタオルや大人の上着を使う手も）を使って全身に風を送ります。皮膚が乾いているときは脱水が進んでいるので緊急事態です。からだを水で湿らせて（濡らすより湿らせる感じのほうが蒸発しやすいので、あれば霧吹きを使うのがベスト）、あおぎながら救急車の到着を待ちます。氷があればビニール袋に入れてハンカチで包み、首の両側やわきの下、太ももの付け根など大きな血管がからだの表面を走っているところを冷やすのもよい方法です。

　（注）中枢神経系の病気の兆候（p.42「発熱」参照）があるときは緊急の受診が必要です。

咳（RS ウイルスと細気管支炎を中心に）
～ありふれた症状でも慎重に～

> 咳は、吸う息に含まれるほこりや病原菌などの異物をからだの入り口で追い返す素晴らしい防衛反応です。でもこの反応が過剰になると呼吸がしづらくなり、対処が遅れると生命に危険が及ぶこともあります。
> 咳そのものは日常的に見られる症状ですが、正しい知識を持って病児を見守り、乳児・障害児などの感染弱者にできる限り感染を広げないように配慮することは、保育者・支援者の重要な仕事です。

●空気が肺胞まで届かないと呼吸ができない

　空気の通り道を気道といいます。鼻からノド（咽頭・喉頭）、気管へと続き、気管が左右に分かれて気管支、さらに枝分かれを繰り返して細くなった部分が細気管支、その先端にあるブドウ状の袋が肺胞です。

　肺胞の表面に毛細血管が網目状に貼りついていて、ここで空気中の酸素が血液に取り込まれ、血液が運んできた二酸化炭素は肺胞から吐く息にまじって体外に出ます。ですから気管支などの空気の通り道が狭くなったり詰まったりすると、そこから先の肺胞には空気が届かず、酸素と二酸化炭素のやりとりができません。肺胞は乳児で数千万個（学童期までに数億個に増える）ありますから、そのうちのごく一部なら問題ありませんが、詰まる場所が広範囲におよぶと呼吸（酸素と二酸化炭素のやりとり）ができなくなります。

●鼻やノドは高機能空気清浄機

　鼻には鼻毛があって大きなほこりはここで引っかかります。入ってきた空気をあたため、加湿する機能もあります。鼻の粘膜には粘液を分泌する細胞があり、異物をからめ取って鼻水として捨てることができます。気管支には繊毛という細い毛が生えた細胞が並んでいて、異物をからめ取ったタンを外へ外へと

押し戻します。こうして十分に浄化された空気が肺に取り込まれます。

　ここにウイルスが侵入したり、もともといた細菌が何かのきっかけで大量に増えたりすると、からだは炎症という反応を起こして対抗します（p.35「炎症」参照）。病原菌を排除し、感染して壊れた粘膜細胞を片づけ、新しい細胞をつくって粘膜を修復するために必要なものを送り込むなど、病気からの回復に必要な作業を効率よく進めるために血管が広がるので、炎症が起こっている場所は腫れて赤く見えます。大部分の風邪は、この炎症の働きで自然治癒します。咳や鼻水があっても機嫌がよく、2〜3日でよい方向に向かうようなら「子どもはたくさん風邪をひきながら丈夫になる」と思っていて大丈夫です。

　数日で快方に向かわず、咳がひどくなってくるような場合は要注意です。百日咳やマイコプラズマ肺炎など風邪以外の病気の可能性がありますし、最近流行の兆しが報道されているRSウイルスは細気管支炎や肺炎を起こすことがあります。激しく咳きこみますが、たまったタンを大人のように効率的に出すことができず、苦しい状態が続きます。咳のために哺乳ができなかったり、睡眠がさまたげられたりして全身状態が悪くなることもあります。

　RSウイルス感染症でも多くは風邪症状だけで自然に治るのですが、赤ちゃんのからだは小さく気道も細いので、わずかに腫れたりタンがたまったりしただけでも詰まりやすく、呼吸困難に陥ることがあります。1歳まで、特に6ヵ月前の赤ちゃんに「呼吸が浅く、速い」「呼吸に伴っておなかがペコペコしたり、小鼻がぴくぴくする」といった症状が見られたら、他の子とは別室にして縦抱きか上体を高くして寝かせ、保護者に連絡してできるだけ早く受診してもらいます。**熱は高くないことも多いので、呼吸状態が悪いことをしっかり伝えるのがポイントです。**

●**未熟児などは注射で予防することもある**

　未熟児や、肺や心臓に病気があるなど感染すると特に重症化しやすい子は、RSウイルス感染を予防する注射（シナジス）を勧められることがあります。大変高価な薬ですが、条件を満たせば保険適応になります。子ども自身の免疫をつくる予防接種ではなく、抗体を外から入れるものなので効果を期待できるのは1ヵ月程度。流行が収まるまで毎月打ち続けるのは負担が大きく、保護者は迷うことも多いようです。どうするか決めるのは保護者ですが、不安や迷う

気持ちに支援者が寄り添うことは必要です。

●年長児との接触が感染につながりやすい

　百日咳やＲＳウイルス感染症は乳児では重症化しやすく、時に突然の呼吸停止から死に至ることもあるとされていますが、年長児では軽い風邪症状だけですんでしまうことが多いようです。百日咳は無症状のまま感染源になる「不顕性感染」もかなりあります。麻疹も初めの数日は咳や鼻水などの症状で発疹はなく、その時期に強い感染力があります。診断がついてから隔離しても、乳児を感染から守ることはできません。

　保育施設では、クリスマス会などの行事や雨天時のホールでの遊び、時間外や土曜日の保育など、異年齢の子が同じ部屋で過ごす機会が案外多いのではないでしょうか。配置できる職員の数などやむを得ない事情もあると思いますが、**せめて１歳までは、なるべく大きい子と分けて保育するように配慮したい**ところです。

●声がれ、突然の咳きこみは危険のサイン

　ケンケンという乾いた咳、バウバウと犬やオットセイの鳴き声のような咳、声がれを伴うなど「いつもの風邪とは違う」と感じたら早く受診しましょう。これらは炎症が喉頭部まで広がっている兆候で、突然息ができなくなってしまうことがあります。

　また、それまで症状がなかった子が**急に咳きこんで苦しそうにしたときは、豆や玩具の部品などの異物を気道に吸いこんだ可能性があります**。呼吸ができない様子ならまず救急車を呼んで、待つ間に背部叩打などの応急処置を試みます。異物が左右どちらかの気管支に落ちると反対側の肺で呼吸できるのでケロリと元気になることがありますが、異物が出ていないのなら気管支に詰まっていて、自然に出ることはありません。**咳きこんだということは、食道ではなく気道に入った証拠。胃腸から肛門に出るルートとは違います。必ず受診してください**。

下痢
～EBMによれば、早く食べさせたほうがいい～

下痢は子どもにはよく見られる症状のひとつですが、その対処法についてはいろいろな意見があって混乱しているのが現状かもしれません。各家庭に伝わる習慣や、小児科医の間でも異なる意見があったりして、迷われることも多いのではないでしょうか？
近年EBM（Evidence-Based Medicine＝証拠に基づく医療）という概念が広まってきていて、下痢のときの対処についても世界中で多くの研究が行われ、その成果に根ざした治療方針が普及しつつあります。下痢をしている子どもとどう向き合い、保護者にどう伝えればよいのか、EBMを踏まえて考えてみましょう。

●**下痢の原因はいろいろ**

便の水分量が多く、水様から泥状の便が普段より頻回に出る状態が下痢です。乳児は健康でもゆるい便を何度もすることがありますし、大人のような便性になってくる時期にもかなり個人差があるので、**その子の普段の状態と比べる**ことが基本です。

原因は細菌やウイルスの感染によるもののほか、その子にとって消化がむずかしいものが大量に入ってきた場合やアレルギー反応、ストレスなどでも起こります。食物を消化する機能は成長に伴って発達しますが、ある成分を分解する酵素をつくれないといった病気や体質的に苦手な食品があるケース、いつもは消化できるものが疲労などのために一時的に不消化となって下痢を起こすこともあります。

ですから**下痢がいつも感染性の病気とは限らないのですが、原因がはっきりするまでは念のために感染予防を念頭に置いた対処を心がけます。**

○オムツ替えは決まった場所だけで行い、使い捨てのシートを敷いて子どもごとに交換する。広告紙（折り込みチラシなど）を敷くのも一法。
○年長児が自分でパンツ等をはく場合は使い捨てのシートの上に座ってはくか、大人が支えて床にお尻をつかないようにする。
○お尻がただれやすいので、清潔に気をつける。
　痛がってきれいに拭けないときは、ぬるま湯で洗い流してやわらかいタオルなどでそっとおさえ拭きする。そのための容器とタオルは個人用のものを使い、保育園の沐浴槽などでシャワーを使用することは控える（病原菌を含んだしぶきの飛散を避けるため）。
○排便のケアをしたあとは、せっけんと流水で十分に手を洗う。

●ウイルス性胃腸炎と言われたら

　子どもの下痢で受診すると、「ウイルス性胃腸炎」と診断されることが多いのではないでしょうか。これは「なんらかのウイルスがおなかに入って増え、胃腸で炎症が起こっているようです」というほどの意味で、「たぶんアレルギーなど他の病気ではなく感染によるもの。でも細菌性ではなさそう」という判断です。

　ウイルス性の胃腸炎なら一般的には何もしなくても数日で治るので、脱水に気をつけながら待つだけです。ウイルスを攻撃する治療薬もありませんからあえて原因を突き止める検査などはしないで、漠然と「ウイルス性」と診断することが多いのです。年齢や季節、周辺の流行状況などから「ノロウイルス感染症」などと推定されることもありますし、必要であれば検査で原因ウイルスを確定することもあります。

　一方、細菌性の胃腸炎は重症になることがあるので注意が必要です。環境が清潔になり、食品や飲料水の衛生管理も徹底した現在の日本では激減しましたが、ときおり食中毒の形で多数の発症を見ることがあります。症状から細菌感染が疑われる場合は慎重な診断治療が必要になりますし、感染源・感染経路を明らかにしなければならないこともあります。

　ですから取りあえず「ウイルス性」と判断されればひと安心。大多数の子は嘔吐・下痢などの症状によってウイルスを追い出し、数日で元気になります。

　ただ、元気になったあとも便の中にはしばらくウイルスが排出されることが

わかっています。特にノロウイルスは感染力がとても強い病気ですから、いつから幼稚園・保育園や子育てひろばなど他の子との接触が多い場に行ってもよいかは、慎重に判断すべきです。聞かれた場合は、「かかりつけの先生とよく相談して」と伝えてください。ノロウイルス感染症の登園基準について厚生労働省の「保育所における感染症対策ガイドライン（2012年改訂版）」では、「嘔吐・下痢等の症状が治まり、普段の食事ができるまで登園を避けるよう保護者に依頼する」とされています。

●下痢症状があっても普通の食事でよい

　多くの研究で「吐き気が治ったら、なるべく早く普通の食事を与えたほうが下痢の期間が短い」という結果が出ています。おかゆなど炭水化物ばかりの食事を「治るまで」と思って続けていると、たんぱく質不足による下痢になっていつまでも治らず、悪循環になりかねません。

　子どもが欲しがらなければ無理しなくてよいのですが、食欲があるのなら胃腸の状態はさほど悪くない証拠。最近はEBMを踏まえて、**下痢をしていても通常のものを食べさせる**方針の医師が増えています。専門医の見解では下痢のとき「特に不適切な食事はない」とされていて、高脂肪の食事や糖分が多い飲み物などを控えめにする程度で、発病から１〜２日たったらなるべく早く常食に戻すほうがよいそうです。

　下痢と同時に頻回の嘔吐があるときでも、水分補給は大切です。吐き気が強いと、飲むことが刺激になって飲んだ量よりたくさん吐いてしまうこともありますから慎重に、経口補水液（OS-1、アクアライトORSなど）をスプーンやスポイトを使ってごく少量ずつ、繰り返し与えます。

●ミルクは薄めない・離乳食も続ける

　薄めたミルクと通常乳を比較した研究では、下痢が治る期間に差がなく、**ミルクを薄める効果は認められていません**。下痢がひどい間は、１回量を減らして回数を増やすことで消化器の負担を軽減できます。離乳食も、吐き気が治まったらこれまでどおりに続けます。

　下痢が数日たってもよい方向に向かわない場合は、腸の粘膜が傷ついて一時的に乳糖不耐症（乳糖を分解する酵素が十分に出ない状態）を起こしている可

能性があり、医師から乳糖を含まないミルクに替えるよう勧められることがあります。一時的なことなので、症状がよくなったら元のミルクに戻します。

●**血便や脱水の兆候があれば救急受診**

　激しくおなかを痛がって泣きやまない、ぐったりして元気がない、発熱を伴う、便に血液が混入していたり黒い泥状の便が出た、口から水分が摂れず脱水の兆候がある（唇が乾いている、尿量が著しく少ないなど）といった症状は緊急事態です。保育中なら保護者に連絡して、急いで受診してもらいましょう。夜間・休日なら救急外来を受診します。飲んだ水分量や嘔吐・下痢の回数を書いたメモと、便がついたオムツを持参するとよいでしょう。

　機嫌がよく遊ぶ元気があればあわてなくて大丈夫。水分補給に気をつけながら正規の診療時間を待ちます。ある程度食べられていれば食事からも塩分が摂れるので水分はお茶などでもよいですが、嘔吐・下痢がひどいときは適度な塩分濃度が確保された経口補水液が勧められます。

便秘
～発達の視点を大切に！～

便秘は日常的によく経験する症状ですが、痛みや不快感など大きな苦痛が繰り返される場合は「適切な治療を受けるべき病気」ととらえる必要があります。
子どもの便秘は、乳汁から離乳食、普通食へと変化する食事内容、腹圧をかけながら肛門をゆるめるといった多様な筋肉の動き、消化器の働きや脳との連携など、いろいろな機能の発達状況によって考え方や対処のポイントが変わってきます。子どもの様子をよく見て、その子のその時期その環境に適した対応ができるとよいですね。

●間隔より便の硬さ・大きさに注目
「何日出なかったら浣腸してでも出したほうがいい？」といったご質問をよく受けますが、排便間隔があいても子どもが元気で、硬くない便が痛がらずに出ているなら、出るまで待って大丈夫です。
便秘症（病気）として対処が必要なのは、便が硬く、排便に痛みや不快感があるために出し渋ったり出しきれない便が残ったりして、ますます硬く出しにくくなる悪循環になっている場合です。特にしばらく出なかったあとに泣きながら太くて硬い便（トイレが詰まるほどの）が出たとか、便秘なのに下痢状の便が漏れて下着につくといった症状がある場合は、肛門近くに便のかたまりが居座って栓をしたような状態になっていることが考えられるので、早期の専門医受診が勧められています。

●排便に関わる諸機能の発達
新生児：胃に乳汁が入ると消化のために腸が動き始め、腸が動くと便が出てしまうため、1日に何度も少量の排便があります。この時期に間隔があく場合は、

他の病気を疑います。

1～5ヵ月頃：消化のために腸が動いても持ちこたえて、便が直腸（肛門のすぐ上、大腸の最後の部分）にたまってからまとめて排泄できるようになるので、1ヵ月過ぎ頃から急に間隔があいてきます。乳汁には繊維などの不消化物がないため便になる材料が少なく、たまるのに数日かかることはよくあります。硬くない便が泣かずにスルリと出るようなら便秘と考えなくてよく、治療の必要もありません。

頻繁にうんうん唸って力む子がいますが、赤ちゃんにはよく見られる生理現象で、便秘で苦しいわけではないようです。

1回の授乳時間が長いとか、始終機嫌が悪くて授乳間隔があいてこない、体重の増え方がかなり悪いなどが便秘の症状に重なれば、母乳不足を疑います。

離乳期：離乳食の開始を機に便秘になることがあります。食物繊維が多い食材を取り入れる工夫やおなかのマッサージ、体操などをしても便秘が改善せず、硬い便が続くときは受診を勧めてください。しばらく便を軟らかくする薬を使って排便恐怖（痛いので出し渋る）を取り除いてあげないと、ますますこじれてしまいます。

1歳頃：遊びなどに関心が広がること、自我が芽ばえ自己主張が始まることなども相まって、小食や偏食の悩みが増える時期です。「便秘に良い食事を」と思っても、なかなかうまくいきません。味覚が発達するので、わずかな苦みや独特の香りがある野菜は本能的に「危険」と判断され、受け入れられないこともよくあります。「自分で決めて自分でしたい」「大人のようにしたい」という意欲でいっぱいの時期なので、その気持ちを大切にした対応がポイントです。野菜を食べさせようとがんばりすぎると逆効果になります。

2歳頃：食事や運動量が増えて便秘の訴えは減ってきますが、トイレトレーニングがきっかけで便秘になることがあります。足をクロスして必死で便意を抑えるような仕草は、注意すべきサインのひとつです。

排便の自立は、便がたまった感覚が脳に伝わり、脳が排便に適した状況か判断し、脳から腸管や腹筋、肛門などへ指令が出て、それらの動きを統合的に調節する高度な制御システムの発達があって初めて可能になるので、トイレトレーニングに適した時期には大きな個人差があります。しかるべき場所で排便する機能が発達段階としてまだ整っていない子が、できないことを責められれ

ば出さないようにするしかなく、がまんするから便が硬くなり、硬い便を出すのは痛いから先延ばしするのでさらに症状が進行します。大人がこの構造に気づき、排便に悪い印象を持たせないように関わることが重要です。
 3歳以降：排便に関わる諸機能がおおむね完成します。調理への参加や野菜の栽培などを通して、食べられる食材の幅を広げられるようになります。

●食事指導のポイントは意外性と手軽さ

 「もっと野菜を」とわかっていても、子どもが食べないという悩みは多いものです。青のりやきな粉の活用（大さじ１杯のきな粉でキャベツ１枚分の食物繊維が摂れる）とか、米を胚芽米に、パンは全粒粉のものに替えるなど、手間なく食物繊維が摂れる意外な食材やメニューを具体的に紹介してもらえると保護者は助かります。保護者間で情報交換する機会をつくるのもよいかもしれません。牛乳の摂り過ぎは便が硬くなる傾向がありますが、ヨーグルトなどの発酵食品は子どもによっては便秘に有効なことがあります。

 食べない子は食べさせようとすればするほど拒絶的になるので、家族と一緒のテーブルで他の人がいろいろなものを食べるのを見るだけでOK。子どもが興味を持つまで待ったほうがよく、見ていて「自分も食べたい」と思ったタイミングを逃さず「食べてみる？」と誘うのが成功の秘訣です。

●早期から排便にプラスイメージを

 腸の動きが活発になる食後に便座に座る習慣づけは大切ですが、心がリラックスした状態でないと排便につながりません。朝食後に限らず、大人が楽しい気分で付き合う余裕のある時間帯がよいでしょう。便座に座っていられたら、排便がなくても座れたことをほめて、ご褒美（シールなど）をあげるのも一法です。

 ３歳を過ぎてもオムツやパンツをつけないと排便できない子がいます。固形物がからだから出る感覚や便のにおいに過敏に反応する子だったり、親が不快そうにする表情や言動から排泄をいけないことと思いこんで隠すケースもあります。**乳児期からオムツ替えのたびに肯定的なメッセージを伝え、排泄を幸福感と結びつけることも意外に大事な働きかけです。**

対症療法
～病気を治さないけれど、必要なこともある～

病気の原因そのものに対処する治療を「原因療法」、病気を治す作用はないけれど症状をラクにする治療を「対症療法」といいます。たとえば虫歯がひどく痛むときに、取りあえず鎮痛剤を飲めば痛みは軽減しますが、それで虫歯がよくなったわけではありません。いつまでも対症療法だけでしのいでいると病状が進行してしまいます。でも骨折なら、適切に固定しておけば自力で治るので、痛みがなくなるまで鎮痛剤を飲み続けても害はありません。代表的な対症療法について、それぞれの意義を考えてみましょう。

●風邪薬（咳・鼻水・鼻づまりの薬）

風邪の原因となるウイルスはたくさんありますが、そのウイルスを直接攻撃する薬は今のところありません。風邪薬はすべて対症療法です。鼻からノドのあたりの炎症を抑え、タンをゆるめて出しやすくしたうえで咳を止める、などが一般的な風邪の治療方針になります。鼻が詰まってうまく哺乳できない、咳がひどくて眠れないといった症状があれば、対症療法で脱水や体力の消耗を防ぐ意義はあります。素人目には風邪と思った症状が別の病気だったり、風邪で傷んだ粘膜で細菌が増殖していたり（細菌に対しては原因療法があります）といったケースもあるので、**医師の判断を仰ぐことは必要です**。受診しないで市販薬を使うことはお勧めできません。

風邪の原因療法はないのですが、幸い風邪は自分のからだの働きによって自然に治る病気です。感染によって鼻やノドに炎症（p.35）が起こるのは、病原菌の侵入に対処する防衛反応なので、風邪であれば食べる・寝る・遊ぶといった子どもの生活に支障がない症状を対症療法で抑える必要はありません。傷が痛くて眠れないときに鎮痛剤を飲んでも、治り始めてひどい痛みがなくなれば、傷を早く治すために鎮痛剤を飲み続けることはないのと同じです。風邪をひいたら早めに治す心がけは大事ですが、風邪は自力で治す病気。無理をしないで

早めに休養をとりましょう。風邪薬で早く治すことはできません。

溶連菌感染症のように、症状は風邪と似ていますが原因療法が可能で、症状がよくなったあともきちんと服薬する必要がある病気もあります。表面に現れた症状をラクにするだけの対症療法とは違って、からだの中で起こっている出来事そのもの（多くは自覚できないこと）に対処するのが原因療法だからです。

●吐き気止め・下痢止め

嘔吐や下痢の原因はいろいろありますが、特に子どもでは細菌やウイルスによる感染性の胃腸炎が多いと思われます。その場合、嘔吐や下痢の症状は「急いで悪いものをからだから出す」という大事な防衛反応です。これを薬で止める対症療法は、体内で病原菌が増える時間を与えることになり逆効果です。また腸内で増えた細菌を薬で一気に殺してしまうと、細菌が出す毒素が全身に回って重篤な病気を引き起こすこともあります。遊ぶ元気があれば薬は使わず（特に市販の下痢止めは要注意）、悪いものを出しきる気持ちで様子を見ます。嘔吐や下痢の原因が感染ではなく、消化器の病気や頭部打撲、脳腫瘍などのこともありますから、**症状が続くときは必ず受診が必要**です。

●かゆみ止めとステロイド軟こう

ひどいかゆみは痛み以上に苦痛が大きく、かなりのストレスになります。かくことで皮膚炎が悪化して一層かゆくなりますし、ひっかき傷が化膿してしまうこともあります。そのため**かゆみを対症療法で抑える意義は大きい**のですが、アトピー性皮膚炎のような長期戦になると「症状を抑えるだけの薬」を使い続けることに抵抗感があるのは理解できます。そこにつけ込むように不安をあおって、「体質を変える」といったあやしい商品を売るビジネスも横行しています。

日本皮膚科学会ガイドラインには、病気そのものが完治する薬（原因療法）はなく、「対症療法を行うことが原則」と記されています。少し時間がかかりますが**アトピー性皮膚炎も自然治癒することが多い病気ですから、対症療法で症状をコントロールしながら成長を待つのが基本です。**皮膚のバリア機能を維持する保湿剤、単純なかゆみ止め、かゆみの元になる炎症を抑えるステロイド剤などを、症状の変化に合わせて局所ごとに使い分けることが大事なので、信

頼できる医師に経過を見てもらいながら、気長に病気と付き合っていくことになります。

●薬以外のアトピー性皮膚炎のケア

　アトピー性皮膚炎は、以前は皮膚のバリア機能（皮膚表面の細胞がしっかりつながり合って防護壁となり、外から様々な異物が侵入するのを防いだり、水分の喪失を抑えて乾燥を防いだりする働き）が未熟な乳幼児期の病気と考えられていましたが、近年は学童期から成人まで持ち越すケースも増えています。原因についてはいろいろな議論がありますが、体質的に皮膚のバリア機能が弱い人がいることがわかっています。いつも皮膚を清潔にしてこまめに保湿するスキンケアは、とても大切です。

　アトピー性皮膚炎の症状が悪化する要因はほかにもストレスや過労、睡眠不足、化粧品や肌着などいろいろあります。生活日誌をつけて医師とともに検討するなど、薬以外の対処も欠かせません。

　年齢が上がってくると、心理的な要因によってアトピー性皮膚炎の症状が悪化する傾向があることが知られています。親が子どもの症状に責任を感じたり罪悪感を持っていたりして「治してやらなければ」と必死になり過ぎると、「今あるがままの（アトピーの症状がある）あなたを認めない」という強い裏メッセージが子どもに伝わってしまうことがあります。子どもの無意識の中に、「親に迷惑をかけて申し訳ない。治らない自分は愛される価値がない」といった気持ちが刷り込まれると、不安なときにうまく甘えられず、身体症状を出してケアしてもらうことで「見捨てられていない」ことを確認するという悪循環にはまって、自然治癒するはずの時期が来てもなかなかよくならないケースがあります。逆に親の不安から生じる過干渉や攻撃的な言動がストレスになって、症状が悪化したり再発したりすることもあります。**治りにくい原因が心の問題である場合は、カウンセリングなどが有効**なことがあります。

　支援者にも、保護者が病児とゆったり肯定的に関われるように継続的に話を聴き、努力をねぎらいストレスを軽減する大事な役割があります。

II 健診と保健指導

健診(乳幼児健康診査)とスクリーニング
~不正確な検査の意義を理解しましょう~

乳幼児期に繰り返し行われる健診。正しくは「乳幼児健康診査」といいます。発育発達の様子を診る計測や問診のほか、歯科検診や尿検査などを行っている自治体も多いようです。健診で再検査となったり、経過観察が長く続いて不安を抱えたりした経験をお持ちの方もいらっしゃると思います。まだ気づいていない異常を早期に見つけて、深刻な状態になる前に対処しようというのが健診の趣旨ですが、たとえば尿検査でたんぱくや血液の反応が出ても、詳しく調べると腎臓には異常がなかったり、経過を診ているうちに改善したりするケースも多く、逆に保護者にとっては不安や混乱の元になっている面もあります。このような「簡単にできるけれど、診断はつかない検査」のことをスクリーニングといいます。健診の項目は、ほとんどすべてスクリーニングです。健診の結果をどう受け止めればいいのか、考えてみましょう。

●不正確でも有意義な検査

　大人の場合は健康診断と呼ぶことが多いですが、実は診断はしていません。健康な人が対象なので、からだへの負担が大きい検査や高額な費用がかかる検査、時間や手間がかかる検査を全員に行うわけにはいきません。**負担が小さく、早く簡単にできる方法でふるいにかけ、「まず間違いなく心配ない」という人を除外して、診断につながる詳しい検査(二次健診といいます)をする人を選ぶことが一般的な健診の目的なのです。**

　たとえば1000人に1人の割合で見つかる病気を、簡単な検査でふるいにか

けて10人に1人まで絞り込むことができれば、990人は必要のない詳しい検査を受けなくて済みます。ふるいに残った10人のうち9人は詳しい検査の結果「異常なし」となるわけですから、「そんな不正確な検査で、人を不安にさせるなんて」といった怒りにつながることもあります。

でもふるいに残って二次健診を受けられる人は、この時期に治療や療育を始めれば良い結果が得られる病気や障害の有無をはっきりさせるチャンスに恵まれた幸運な人、ともいえます。異常があるのにふるいをすりぬけてしまったら、二次健診のチャンスは得られません。そうした「見落とし」を減らすために、網の目を細かくしてほんの少しでも何かあったら二次健診につながるようにすると、今度は「心配させられたあげく異常なしと言われる」人が増えてしまうので、どんな網でふるいにかけるかがスクリーニングのむずかしいところです。

このように乳幼児健診は「診断をしない（できない）」ことの表明として、あえて「健康診査」と呼んでいます。もちろん、育ち具合を優劣のモノサシで比較するような「審査（コンテスト）」の場ではありません。**どんな体格であれ、発達のペースがどうであれ、その子らしく健康に育っていればそれでよい**ことは言うまでもありません。また健診には、より健康的な生活習慣や環境調整などについて指導・助言をする機会という意味もあります。

● **発育値からわかること**

計測値が母子健康手帳のグラフの下の線を割るようなことがあっても、**グラフのカーブに近い傾きで増えていれば問題ないことが多い**のですが、体重の増えが悪い子の中には内臓の小さな奇形、消化吸収や代謝がうまくいかない病気などが隠れていることがあります。低身長や肥満の中にも内分泌系の病気によるものがあります。**発育値のグラフをきっかけに二次健診でそうした病気が見つかれば、症状が悪くなる前に治療できる**ことが少なくありません。

また誤った情報や不安から不適切なダイエットやアレルギー除去食が行われていたり、保護者の病気（たとえばうつ病など）や情緒不安定、貧困などのために十分な食事が与えられていなかったり…そうした方に出会い、**支援の手を差し伸べる機会**になることもあります。

●発達検査や問診からわかること

　支えなしに座る、一人で歩くなどができる時期が正常範囲を越えて遅れている場合、神経や筋肉などの病気があるかもしれませんが、単に経験不足（家業が忙しく、長時間ベッドに入れていたとか）のこともあります。指さしをしないとか、言葉が遅いといったチェック項目が障害のサインであることもありますが、そうではないことも少なくありません。**健診の時点で何か心配な点があっても、人間には自然治癒力や自ら発達する力があるので、慎重に経過を見ることもよくあります。**

　たとえば言葉の発達を例にとると、2歳で遅れを疑われていた子が3歳頃にどっと話し始めることもありますが、二次健診で軽い難聴が見つかり、ある程度の音は聞こえるけれど言葉を聞き分けるほどには聞こえていないことがわかって、補聴器を使うことで言葉を覚え会話が可能になるといったケースもあります。滲出性中耳炎のような治療できる病気が見つかることもありますし、知的障害や発達障害などが疑われることもあります。

　障害は早く見つけたら治せるものではありませんが、その子の特性にあった育て方の工夫はできます。障害のためにできないことに気づかず、「どうしてできないの！」と叱ったり励ましたりすることが続くと親も子もつらく、心の傷になってしまうことがあります。障害の診断はそうした事態を防ぎ、療育機関と連携して豊かな発達を促すことにつながります。

●なくなれ！　つらい健診

　たくさんの人をざっと診て、「もう少し丁寧に診てから判断したい人」を選び出すのが健診なので、する側は「詳しい話はあとで」という気持ちでいるのですが、受ける側は十分な説明もなく二次健診を受けるように指示されると、「病気や障害がある」と言われたように感じて不安になってしまうかもしれません。

　また発達検査を、子どもの能力を測る試験のような感覚で受け止めている方や、親の育て方が評価されるようなプレッシャーを感じている方もいらっしゃいます。どれも誤解で、健診は「どの子もどの親も、より幸せに」と願って行われていることを、ぜひ知ってほしいと思います。

身体計測の縦断的評価
〜測定結果をグラフにして活用しよう〜

保育現場では保育所保育指針に従って定期的に身体計測を行っていると思いますが、その結果を保育や保護者支援に活かしているでしょうか？ 子どもや保護者は、どんな思いでその結果を受け止めているのでしょうか？ せっかく時間と手間をかけて計測するのですから、保育者が測定結果に関心を持ち、子どもや保護者との関わりに活用したいものです。測定結果をどう読み、どう活かすか、考えてみましょう。

●横断的な評価は、他児と比べる視点

　対象児が、同じ年月齢の子どもの集団の中でどのような位置にいるのかを見ることを**横断的評価**といいます。母子健康手帳の身体発育曲線には、94％の子どもの測定値が含まれる範囲が帯状に着色して示されています。年月齢ごとに測定値を小さいほうから順に並べたとき、前から3％目（1000人測ったとしたら、30人目）の値が着色帯の下の線、後ろから3％目の値が上の線です。測定値をこのグラフに書き込めば、同じ年月齢の子の中で大きいほうか小さいほうか、軽いほうか重いほうか見当がつきます。

　全国の子どもの測定値を統計処理したものですから、みんなの体位が向上すればグラフの下の線が上にずれて、3％の子がこの線の下になることに変わりはありません。測定値が「着色帯の中に入っていればおおむね良好」とされることが逆に、「この帯の外に出るとよくない」「帯の中に入るようにしなければ」といった考え方につながりやすいのですが、それは間違いです。

　病気や養育困難な家庭環境など早期介入が必要なケースを見つける指標として、便宜的に上下3％を境界線にしているだけで、帯の外でもなんの問題もないケースがほとんどです。帯の中にいる子にも問題が見つかることはありますが、「標準から大きく離れている子のほうが、標準的な体位の子に比べれば問

題が見つかる確率が高い」と考え、「帯から出ている場合は、何かないか丁寧に様子を見ましょう」ということです。丁寧に見て何も問題がないことがわかれば個性として尊重することが何より大切で、帯の中に入ることを目指す必要はありません。もし病気が見つかればその治療をしますし、貧困による栄養失調とわかれば福祉につなぐ、親が精神的に不安定で育児がうまくいっていないのなら支援者が訪問するなど、**問題が見つかればその解決に向けた働きかけをします。身長・体重が帯の中に入るようにすることで、問題が解決するわけではありません。**

●その子の成長の過程を見る縦断的評価

一人の子どもの変化を、時系列に沿って見る視点が縦断的評価です。生まれてから現在までの測定値をグラフに描くと、その子がどのように成長してきたのかが一目でわかり、活用のチャンスがぐっと広がります。

縦断的評価で重要なのはグラフの傾きです。数ヵ月から1年くらいの単位でザックリ概観して、**着色帯のカーブにほぼ並行して増えている場合は、横断的に見た値がどの位置であってもまず心配ありません**。傾きが平行でなく、たとえば**体重がある時期から急傾斜で増えているとか、身長の増え方がゆるやかで徐々に帯の下の線に近づいてきたといった場合は注意が必要**です。

●子どもの気持ちに寄り添いましょう

からだつきのバリエーションに優劣はありません。保育者は、「みんな違って、みんないい」というメッセージを伝えてください。背の高い子をほめたり、小柄な子を励ましたり、肥満気味の子にダメ出しをしたり、保育者が何気なく口にする言葉で**子どもの心に優越感や劣等感のタネをまくことのないよう、十分気をつけたい**と思います。

年齢が上がると、自分の容姿を気にしたり友達の容姿をからかったりする言葉が聞こえてくることがあります。「気にすることないよ」とか「そういうこと言わないの！」などと初めから否定してしまわないで、**子どもが自分のからだをどう感じているのか、どんなことが心配なのか、丁寧に聴いてみましょう**。十分に聴いたうえで、その子のよいところをほめたり、健康なからだに感謝したり、将来の夢について話したりしてみるのもよいと思います。どのような容

姿でも、社会で活躍し幸せを射止めている大人が身近にたくさんいるはずです。

●親の気持ちを受け止め、ねぎらいましょう

　身体計測のグラフを見ながら、保護者の思いを聴くこともできます。小柄だったり痩せていることを気に病んで必死で食べさせようとするあまり親も子も追い詰められていたり、子どもとうまく関われない代償として高カロリーの菓子類や飲料を与えすぎていたりするケースもありますし、体重減少が続くことからネグレクトや保護者の病気（うつ病など）が見つかることもあります。食事場面の話が、夫婦ゲンカや祖父母との人間関係の悩み相談につながるかもしれません。

　乳児の肥満を気にしてダイエットに走る人（2歳までの肥満は将来の肥満に相関しないので様子を見てよい）、身長を伸ばすというあやしげな商品に飛びつく人（今のところ学会で効果を認められた方法はない）、アレルギーが心配で自己流の不適切な食事制限をしている人、明らかに母乳が足りないのに母乳育児にこだわって疲れはてている人もいます。

　事情がわかれば支援者が知識不足を補ったり、誤った情報や思い込みを修正したりできますし、困った行動の底流にひそむ不安やコンプレックスに気づけば、受容的に関わり、つらい気持ちを支える支援ができるかもしれません。ストレスフルな日常の愚痴を聞く機会になるだけでも、保護者は不満を発散して「わかってもらえた安心感」を得られるかもしれません。

　人間の子どもは大人が世話をしないと生命を維持できないのですから、どんなにダメに見える保護者でも必ず努力しています。保育者には不足や未熟さが感じられたとしても、まずはその人なりに努力していることを認め、ねぎらう言葉をかけてください。指導やアドバイスは、そのあとです。

おどかさない歯みがき指導
~内発的動機づけの工夫を！~

乳幼児期に子どもが自ら「歯を大切にしたい」と思うような働きかけをすることは、一生よい歯で健康に過ごすための基礎づくりです。絵本や歌、実験などいろいろな教材がありますが、疑問を感じるものも少なくありません。よくあるパターンは、＜甘いものを食べて歯を磨かないと虫歯になる。虫歯になると痛くておいしいものが食べられない。歯医者さんで怖くて痛い治療をしなくちゃいけない＞といった、子どもをおどかす手法です。その問題点と、よりよい指導について考えてみましょう。

● 「させられる行動」は長続きしない

　人が行動を起こす意思、いわゆる「やる気になる」きっかけを動機づけといいます。「おもしろいからやる」といった内面的な欲求が行動の原動力になっている場合を**内発的動機づけ**、「やったらシールがもらえる」「やらないと叱られる」といった外から方向づけられて行動を起こす場合を**外発的動機づけ**といい、前者は「したくてする行動」、後者は「させられる行動」です。

　外発的動機づけによる行動は何らかの目的（ごほうびを手に入れる・いやなことを避ける・競争に勝つなど）を達成するための手段なので、目的がなくなればやめてしまうことになりがちです。作業の質が悪くなる傾向もあります。しなさいと言う人がいない所ではしないし、報酬に魅力がなくなれば続ける意味がありません。適当にやっても結果が同じ（たとえばシールを貼れる）なら、雑に形だけするかもしれません。お菓子を食べて歯をみがかずに寝ても実は痛くならない経験をすれば、オドシの効果も薄れるでしょう。

　はじめは外からの力でさせられていた行動が、「やってみたら気分がよいので、続けたくなる」という内発的な行動になることもあります。一方、治療に対する恐怖心を植え付けてしまうと歯科検診や早期治療の妨げになる恐れもあ

ります。

●「したいからする行動」は楽しく、質が高く、持続する
　幸福感や達成感、好奇心など内発的な動機づけによる行動はすること自体が目的なので、することによって心が満たされます。楽しいことはもっとやりたくなるし、自発的な行動で「できる自分」と出会う快感はクセになるので継続します。歯みがきは、どうしたら「したいからする行動」になるでしょうか？
　大人によるケアが中心の１～２歳までは、歯みがきを幸福感と結び付けるスキンシップがおススメ。幼児期後半からは、歯が持つ様々な機能や簡単には虫歯にならない巧妙な防衛システムなどを教えて知的好奇心に働きかけ、「歯って、すごい！」という気づきを引き出す指導ができるとよいと思います。自分がすごいものを持っていると気づけば、それに磨きをかけ、汚れたり壊れたりしないように大事にしたくなるはずです。

●ハッピーな歯みがきタイムのつくり方
　準備は歯がはえる前から始めます。赤ちゃんの頭を大人の膝に乗せて仰向きに寝かせ、笑ってやさしく話しかけながら指先でトントンと、からだをリズミカルにタッチしましょう。胸からあご、頬、唇へとタッチしていき、徐々に口の中、歯ぐきにも触れて、**「口腔ケア」**と**「ハッピーな気分」**を結び付けます。大人が楽しく歯みがきする姿を見せるのも、「歯みがき楽しそう！　私もやりたい」と思うきっかけになります。
　前歯が出てきたら、やさしいタッチングでリラックスしたあとにガーゼで軽くぬぐってあげます。子どもの頭が大人のおなかにつくようにすると安定しますし、あごが上がって口の中が見えやすく、ケアもラクです。下の前歯は唾液で洗われるので虫歯になりにくいのですが、上の前歯が出てくる頃には歯ブラシが必要になります。上唇小帯（上唇と歯ぐきの間についている筋）にブラシが当たると痛いので、ここを大人の指で保護しながら、歯に直角にブラシを当てて軽い力で細かく動かします。授乳後のうっとりしていたい時間は避け、機嫌のよいときで大丈夫です。
　２歳頃、乳歯の奥歯がはえてきたら本格的なブラッシングを始めます。毎食後、むずかしいようなら夜１回はしっかり磨きます。口に飲食物が入る間隔を

３時間くらいあけるとか、果汁やイオン飲料を乳首つきの容器でダラダラ飲ませないなどの注意でも虫歯はかなり防げるので、あまりムキになるより「楽しく」を心がけましょう。**大人に大切にしてもらう経験の積み重ねは自己肯定感を高め、自分を大切にできる子（健康によいことをしたいと思う子）に育てる基盤になります。**

●**歯の素晴らしさを教えましょう**

　幼児期後半は「質問期」と呼ばれるほど知的好奇心が最も伸びる時期です。ちょっとしたきっかけでどんどん興味が広がりますから、**虫歯のでき方や怖さだけでなく歯の素晴らしさも教えてください。**

　歯は鉄よりも硬い（釘で傷をつけられない）とか、食べ物をかむ以外に顔の形を整える、明瞭に話す（歯がないと何を言っているのかわかりづらい）、からだ全体のバランスを取るなどいろんな働きをしていること、スポーツ選手はよい歯でしっかりかみしめないとよい記録を出せないこと、何より「素敵な笑顔」の決め手になること、などなど。

　「磨かなくても虫歯にならなかったよ。どうして？」といった素朴な疑問にも、一緒に不思議がって調べる姿勢で向き合えるとよいですね。歯は絶えず唾液で洗われていること、免疫物質が細菌の増殖を抑えてくれること、歯にも血液が流れ、歯の細胞が血液から栄養素を受け取って生きていること、歯の表面が溶けても３時間もたてば唾液中のカルシウムを取りこんで修復できることなど、「へぇ～　そうなんだ！」と驚く知識を提供するチャンスです。「からだには、磨かなくてもすぐには虫歯にならないすごい仕組みがいっぱいあるけれど、悪い条件が長く続くと持ちこたえられない。からだががんばってくれているうちに歯みがきで応援してあげたら、ずっと白くてきれいな歯でいられるね」と、**ポジティブな表現で子どものやる気を引き出してください。**

ウソをつかない手洗い指導
~ 細菌培養の実験で不安をあおらないで！~

保健学習の教材やCMなどで、培養した細菌の写真をよく見かけます。見えない細菌を見せて視覚に訴える手法にはインパクトがありますが、誤った認識を植え付けてしまう危険性もあります。

● 1個の細菌が、1個のコロニーをつくる

　細菌などを人工的に増やすことを「培養」、増やす場所を「培地」といいます。1個の細菌が分裂を繰り返して10万個を超えるほどに増えると、ひとかたまりの集団として目に見えるようになります。よく写真で見るのは「普通寒天培地」といって、丸いガラス皿（シャーレ）に適度な栄養物を混ぜ込んだ寒天を入れて固めたものです。シャーレも寒天も完全に滅菌してあるので、フタを開けるまで培地には細菌がひとつもありません。

　室内に培地を置いてフタを開け、しばらくしてからフタを閉めて2日ほど37度くらいに保つと、空気中から培地に落ちた菌が増えて目に見えるかたまりになります。**1個のかたまりは1個の菌が増えてできた集落（コロニーといいます）ですから、コロニーの数を数えれば培地に落ちた菌の数がわかる**ことになります。菌の種類によって白や黄色、薄く広がるものや小さく盛りあがるものなどいろいろなコロニーを形成しますが、どれも1個の菌から始まったのですから大きくても小さくても1個は1個。コロニーの面積は菌数と関係ありません。また**ウイルスは生きた細胞内でのみ増えるので、寒天培地ではコロニーをつくりません**。

● 「手にはバイキンがいっぱい」はウソ

　大きな培地に手をつけて細菌を培養すると、手形に沿っていくつもコロニーができます。「見えないバイキン」の存在を印象づけ、「だから、しっかり洗お

う」と伝えるのは効果的な指導に見えますが、心配な点もあります。

バイキンという言葉は一般的には病気を引き起こす悪者のイメージ、つまり「病原菌」の意味で使われます。手に細菌がたくさんついているのは事実ですが、そのほとんどはいわゆる雑菌で、病原菌ではありません。だから赤ちゃんがハイハイした手をなめても、めったに病気にはならないのです。掃除の行き届いた床や洗濯したばかりの衣類からも、培養すればたくさん菌が出ますが健康に害はありません。**私たちのからだには身のまわりに普通に存在する雑菌とは仲よく共存する仕組みがたくさんあります。**

問題は、ごくまれに病原菌が手につくことがあり、それがいつ起こるかわからないということです。だからいつもよく洗うように指導します。でも時間や場所の都合でいつもしっかりは洗えないのも現実ですし、それで問題なく過ごせることも事実です。そうした体験から「簡単な洗い方(または洗わない)でも、実は平気」と思ってしまうと、大事な場面でもしっかり洗わないことにならないでしょうか?

バイキン(病気を起こす細菌)は「いつも」はいないこと、多くの細菌は平和的に共存できる生態系の仲間だということも同時に教え、**簡単な洗い方でも大丈夫な場面と石けんでしっかり洗うべき場面を判断して、「正しく恐れることができる子」を目指す指導を工夫したい**と思います。

たとえば洗う前の手の菌を培養すると、空気中から自然に落ちる菌を培養したものとよく似たコロニーがたくさん出ます。同じ手を流水下でこすって洗ったあと、滅菌ガーゼで拭いて同様に培養すると、先ほどのようなコロニーはほとんどなくなって違う種類のコロニーがいくつもできます。洗ったあとに検出される菌は皮膚に住みついている常在菌で、環境からついてくる菌が洗い流せた証拠です。**常在菌が健康に育っていれば、その外側に有害な菌がついても洗えば落ちますから、通常の手洗いに消毒薬は不要です。**消毒薬の使いすぎは味方の常在菌によるバリアを傷つけますし、小児の手荒れや皮膚炎の事例も増加しています。「菌はあったら危険なもの、すべて排除するのが望ましい」といった誤解が定着しないように気をつけてください。

● **食中毒の予防としての手洗い**

たとえば病児の排便後の手洗いが不十分で、病原菌がトイレの蛇口から他の

子の手についたとします。蛇口やドアノブなど適度な温度や栄養がない所では菌はあまり増えませんから、食べる前に洗わなかったとしても口に入る菌はわずかです。さらに胃液でかなりの菌が死ぬので、発症のリスクは高くありません（少ない数で発症する菌もあるので、もちろん注意は必要ですが）。

病原菌が食品についたあと、膨大な数に増える時間があると食中毒が起こります。食べるときには洗わなくても案外平気なことが多いのですが、**調理をするとき、特に調理してからすぐに食べないものに触れるときは、食べる前よりずっと慎重に手を洗う必要がある**ことを、子どもにも折りあるごとに伝えてください。病原菌が手につく機会として排便関連の諸々の動作のほか、動物や動物の排泄物に触れたあと、生の肉や魚などを扱った手と調理器具といったものがあることも、リスクを適切に判断するために大事な知識です。

●**自分を守ることと、他者を気づかうこと**

「バイキンがついた手で食べると、おなかが痛くなっちゃうよ」という手洗い指導は、自分がイヤなことを避けるように仕向ける外発的な動機づけですから、現実に痛くならない経験をすれば「適当でいいや」になりがちです。

調理には「大切な人が喜んでくれたらうれしい」といった内的な満足感や達成感（p.67「内発的動機づけ」参照）がありますから、そうした流れの中で手洗いを「他者への気づかい」として教えられたら素敵です。

外遊びで汚れた手を洗ってほしいのは、部屋が砂だらけになったり絵本が汚れたりすると困るからです。「知らずにバイキンがついたかもしれないから（自分を守るため）」もあるかもしれないけれど、「みんなで使う場所や物を汚さない」という**他者へのやさしい気づかいを教えるのも大事なこと**だと思います。何かとバイキンを持ちだし、おどかして利己的なスタンスのみで行動を定着させようとする手法はいただけません。

無理のない睡眠指導
～ほどほどのバランス感覚で柔軟に～

　パソコンやスマートフォン、DVDの普及などに伴って少年の睡眠不足による健康障害や学校生活への適応困難などが深刻な問題になるなか、「乳幼児期からよい生活リズムをつくりましょう」「朝寝坊は子どもの成長によくないですよ」といった指導がさかんに行われるようになり、支援の現場では「指導されたようにできない」というご相談が増えています。早寝早起きはもちろん大切ですが、いろいろな事情でそれがむずかしい家庭は少なくありません。
　「あちらを立てればこちらが立たず、両方立てれば身が立たぬ」ということわざもあります。保護者が指導と現実の板ばさみになり、ちゃんと育たないのではないかと不安になったり、ちゃんとできない自分を責めてつらくなったり、できない環境にいら立って夫婦ゲンカになったりするようでは、指導した人の願いとは裏腹な結果になりかねません。

●不安や罪悪感のタネをまく指導は逆効果
　子どもの睡眠時間は午睡を含めて3歳未満で12～14時間くらい、3歳以上の未就学児で11～13時間くらい必要なことや、朝日を浴びると夜の寝つきがよいこと、睡眠不足が10年20年続くと肥満や生活習慣病などの発症率が高まることなどの情報を提供するのは支援者の役割かもしれません。
　ただ乳幼児期は、来客や外出など日常的なちょっとしたことで睡眠のリズムが乱れることは避けられません。「生後3～4ヵ月からよい生活リズムの確立を」といった指導には無理がある感じがします。乳幼児は眠いとなったらどんな状況でも寝てしまうので、窮屈に考えなくてもトータルすると必要な眠りは取っているものです。もちろん生活リズムの健全化は大切な目標ですが、添い寝や寝かしつけが必要な時期は大人の生活との調整がむずかしく、早急に結果

を出すことにとらわれるとかえってうまくいきません。

　早く寝かせたくてもむずかしい事情がある保護者には、早寝早起きのメリットよりも「今睡眠リズムを整えないと将来大変」といった指導がストレスになるデメリットのほうが心配です。**あせりや不安、親としてのコンプレックスや罪悪感を増長させるような働きかけは、家族が楽しくなごやかに過ごす心の余裕を奪い、とげとげしい雰囲気の中で子どもが安眠できない悪循環になりかねません。**

　学校は決まった時間に始まって午睡もできないので、「就学までには早起きのリズムができるとよい」くらいのゆったりとした目標設定で、今はできない保護者の気持ちをやさしく支えてください。

● 「できることから少しずつ」で大丈夫

　支援者は子どもを大切に思うあまり、保護者が責められているように感じてしまう指導をしていることがあるかもしれません。子どもの利益を最優先にできればそれに越したことはありませんが、多くの保護者がそれを許さない環境に置かれているのも現実です。

　保護者にも差し迫った生活があり、願いがあり、夢があります。支援者の役割は、保護者が適切な情報を得たうえで「そのときその人ができることの中で一番よいこと」を選びとる過程に寄り添うことではないでしょうか。

　現在ご高齢の方々の中には、戦時中、連夜の空襲で安眠どころではなかった人も多いでしょう。食糧難の時代にやっとひとつの芋を手に入れた親はそれを家族で分け合い、子に与えました。たんぱく源も野菜もない、量的にも足りない食事だとしても、親は「そのときできることの中で一番よいこと」をしたのですから誰にもとがめられることはありませんでした。その子どもたちがたくましく成長して現在の豊かな社会を築いてくれたのですから、乳児期からの早寝早起きや栄養バランスがよく多彩な食材を用いた必要十分量の食事を与えることができなくても大丈夫だったことは明らかです。

● 理想論と上手に付き合う

　理想の子育て論は、長い目で見たときに大きく道を外れてしまうことのないように、方向性を確認する目印として大事なものですが、日々の生活が理想の

ようにできるはずがありません。様々な障害と折り合いをつけながら、できる範囲でその方向に近づけるように支えるのが支援者の使命なのだと思います。**理想論（あるべき方向性）と同時に、そのようにできなくても案外大丈夫な子どもの生命力の素晴らしさも伝えて、保護者が不安や罪悪感を抱えることのないよう配慮してください。**

　自分勝手で指導が受け入れられないように見える困った保護者でも、その人なりに考え、努力していることは必ずあります。小さな努力でも認めてもらえると、もう少し努力してみたくなるのが人間です。「認めたら、それでよいと思ってしまうのではないか」という支援者の危惧は一度脇に置いて、保護者を信頼するところから仕切りなおしてみてください。新しい道がひらけるかもしれません。

●自然を楽しむゆとりも、大事な心の栄養

　不朽の名著『センス・オブ・ワンダー』（新潮社）の中で著者レイチェル・カーソンは、沈んでいく月の光に海が銀色に輝く光景を甥のロジャーと眺めた様子を描いて、次のように述べています。

寝る時間が遅くなるからとか、服がぬれて着替えをしなければならないからとか、じゅうたんを泥んこにするからといった理由で、普通の親たちが子どもから取り上げてしまう楽しみを、私たち家族はみなロジャーにゆるしていましたし、ともにわかち合っていました。（中略）幼い心に焼きつけられてゆくすばらしい光景の記憶は、彼が失った睡眠時間をおぎなってあまりあるはるかにたいせつな影響を、彼の人間性にあたえているはずだとわたしたちは感じていました。

　真面目なお母さんが「早く帰って早く食べさせ、早く寝かせなければ」とあせって、道ばたの花に目をとめたり、枯れ木の枝に緑の新芽を見つけたり、そうした余裕が失われるのは残念な気がします。風に舞う花びらとたわむれたり、道に転がるドングリを拾ったりする子を「早く帰らないと」とせかすより、しばし楽しい気分を共有できる親のほうが素敵です。得るものと失うもののバランスを、親子がその時々の状況で柔軟に選びとれるとよいですね。

Ⅲ 心の痛みに寄り添う

グリーフワークとグリーフケア
～大切な人との別れに遭遇した親子のために～

最近では子どもたちが死を身近に感じる機会が減っているといわれますが、それでも家族同然に暮らしていたペットの死や離婚による一方の親との別れなど、その子にとって大切な人との離別（喪失感）を体験する出来事はしばしば起こります。核家族が増えたとはいえ、かわいがってくれた祖父母との死別は衝撃的なことでしょうし、病気や事故で親やきょうだいを失う子もいます。

別れに伴う深い悲しみに遭遇した子どもや保護者と、支援者はどう向き合うのか考えてみましょう。

●回復をせかすことなく、ただ寄り添う

愛する人と引き裂かれるときに起こる一連の反応をグリーフ（悲嘆）といいます。喪失を体験したその人自身が自分の気持ちと向き合い、十分に悲しみ抜いたのちに徐々に受け入れ、新しい生活へ踏み出すまでの作業が「グリーフワーク（喪の仕事）」、その作業に寄り添い支える周囲の人の役割が「グリーフケア」です。

グリーフワークはご本人にとってつらく苦しい作業ですが、とても重要です。悲しみを悲しみきらないまま感情にフタをして見せかけの立ち直りをしてしまうと、いつまでも心に傷が残り、将来健康を害することにもなりかねません。周囲の人は「早く元気になってほしい」と思って励ましたり、忘れさせようとしたり、「子どもにそんな思いはさせたくない」と思って事実をごまかしたり…ついそういった対応をしがちですが、しないほうがよいのです。そうしたいのは、それを見ている自分がつらいのであり、自分がラクになるために相手の気持ちをないがしろにしているかもしれないことに気づく必要があります。心

配のあまり、「なんとかしてあげたい」と思うのは自然な感情ですが、**支援者には「つらい人にただ寄り添い続けるつらさ」に耐える覚悟**が求められます。

●**早期の反応は感情の麻痺や否認、怒り**
　愛する人との離別に直面したとき、最初はショックで呆然として悲しみを実感できていないことも多く、気丈に見えることがあります。「何かの間違い」などと事実を否認するのは、喪失の現実をなかったことにして元の状態に戻ろうとする心の防衛反応です。周囲の人を責めて怒りをぶちまけたり、激しく自分を責めたりするのは、責めを負うべき人を見つけ出して糾弾することで、大切な人を失ったという現実を阻むことができるかのように感じるからなのかもしれません。過度の覚醒（不眠）や食欲不振、頭痛などの身体症状もよく見られます。

　頭で現実を受け入れるのが次の段階ですが、頭でわかっても、心が受けた衝撃や痛みがなくなるわけではありません。からだの感覚をあるがままに感じ、気持ちを表現すること（話す、泣く、叫ぶなど）が回復につながります。支援者はそれが正常な反応であり、取り乱してもよいことを伝えて、相手の感情をそのまま受け止めることに徹します。

　この作業が一段落すると、喪失によって変化した生活の再構築を考えられるようになります。新たな「普通」の生活の中で亡くなった（別れた）人を思い出すことは、その人の気持ちに触れることです。**大事な人であるほどその人は心の中にいるので、思い出を語ったり書いたりすることで関係を継続できます。**

●**子どものためのグリーフケア**
　大人は、愛する子どもを傷つくことから守りたい、守れる存在でありたいと思っています。死についても、隠したいと思うのが自然なのかもしれません。でも、**守りたいという気持ち自体が子どもを傷つけます**。それは「あなたは弱く、事実を受け止められない」という宣告であり「悲しみを共有する仲間」からはじき出すことですから、子どもに無力感や疎外感を与えてしまいます。

　人は誰も、理不尽な出来事や危険から完全に逃れることはできません。子どもも身近な生物の死や報道映像などを通して様々な死にさらされているのですから、死について年齢（理解力）に応じて大人から学ぶことが必要です。**避け**

るのではなく、その痛みと向き合い、乗り越える作業を大人がしっかりと支えることによってこそ、**弱く傷つきやすい子どもを守れる**のだと思います。

　年長児なら、冷たくなった遺体に触れさせて物理的な「死」を伝え、「心はずっとつながっているけれど、からだはもう使わないから焼いてお空に返す」といった説明をするのは大事なことです。現実に直面してはじめて、グリーフワークが始められるのです。

　乳児でも「いつもと違う」空気を感じて不安になるので、ケアは必要です。年少児が、大人にいつもどおりにするようしつこくせがむのは「怖いことは何も起こっていない。いつもと同じ」と思いたい子どもなりの防衛反応です。叱らないで抱きしめ、小さな子にも落ち着いて事実を話してあげるとよいと思います。言葉の意味はわからなくても、「何か大変なことが起こっている。でも私は安全らしい」という感じを受け取ることはできます。

　大人はつらい気持ちを言葉で話してからだの外に出し、誰かに受け止めてもらうことを繰り返して心の傷を癒していきますが、**子どもは遊びで気持ちを表出します**。おもちゃを乱暴に扱うことで怒りを表現したり、怖さを払拭するかのようにむやみにはしゃいだり、箱に人形を入れて「お棺ごっこ」をしたりするかもしれません。大人を不安にさせるような絵を描いたり、思いがけないことを話したりすることもあります。**叱ったりとがめたり制止したりしないで、子どもが表現する世界に共感を伝えながら寄り添ってください。**受け止めてくれる人がいれば、子どもは安心して気持ちを表出できます。支えられている実感があれば、トラウマになることはありません。徐々に落ち着いて「普通」の遊びが増え、遊ぶことで自らを癒すことができるのが子どもの特権です。

●**親が子どもを支えられないとき**

　喪失に伴う反応は様々で、とても激しいこともありますが基本的には病気ではありません。数週から数ヵ月の時間を経て安定していくことが多いのですが、もともと精神的に不安定だった人が喪失を体験すると症状が悪化し、うつ病などの診断に至ることもあります。保護者がそのような状態で子どものグリーフワークを支える力がないときは、支援者のあり方が一層重要になります。必要に応じて専門家のアドバイスを受け、支援者自身の心の安定にも気を配ってください。

虐待の世代間連鎖
～肯定的に支えられる体験が連鎖を止める～

　虐待が起こる背景には、子どもの頃適切に愛してもらえなかった成育歴、経済的不安や夫婦不和などのストレス、心理的・社会的な孤立、望まない妊娠や育てにくい子（未熟児、障害児など）という4つの要素があるとされています。幼少期にしっかりと受容され、自尊感情に裏打ちされたゆるぎない自己を確立できた人はよい人間関係を築き、危機や困難に遭遇しても乗り越える力がありますから、この中で成育歴は特に重要な要素といえます。虐待する人の多くは虐待を受けた歴史を背負っていますが、虐待を受けていた人の多くが虐待する親になるのではありません。よく誤解されるのですが、これはたとえば「保育士になる人の多くが女性でも、女性の多くが保育士にはならない」というのと同じ理屈です。虐待は連鎖しますが、連鎖は止められるのです。私たちは、虐待する親や虐待を受けている子のケアを通して「虐待を次の世代に伝えない」という重要な役割の一端を担っています。

●がまんしすぎた人がキレる

　虐待されて育った人が、自分の子を虐待することを「世代間連鎖」といいます。その親もまた、親から虐待されていたケースが多く、親から子、子から孫へと30%前後が連鎖するようです。逆にいえば70%前後の人は虐待環境で育っても虐待する親にならない（連鎖を断ち切ることができた）のです。なぜでしょうか？

　幼い子は親の保護がなければ生きていけませんから、親が望むことを敏感に感じ取り、見捨てられないようにふるまうことを学習します。たとえば不安になったとき、泣いて親にしがみつくと「よしよし」と抱きしめて安心させてもらえる環境で育った子は、感情を表現したほうが生きやすいのでそれが習慣に

なり、社会に出てからも感情を素直に表現して他者に助けを求めることができます。一方「何泣いてるの、うるさい！」と叱られるようなことが日々繰り返される家庭なら、感じたままの気持ちは表現しないでがまんするほうが安全です。子どもは受容されない不安や痛み、自分を傷つけた者への怒りなど、自然にわきあがる様々な感情を心の底に押し込める生き方を選ぶことになります。率直な自己表現ができないと人間関係がぎくしゃくしがちですし、助けを求めることが苦手なので困難を抱え込んでしまうことが多いかもしれません。

　でも感情を無限にため込むことはできません。膀胱破裂を起こすまで排尿をがまんできないのと同じで、感情にも心が壊れてしまうのを防ぐ「がまんの限界」があるのです。怒りなどのネガティブな感情をほどほどに表出するのは人として自然な営みですが、限界までがまんする人は爆発的な出し方（キレる状態）になるので問題が起こりがちです。一見ささいなことが激しい虐待の引き金になるのは、積年の恨みやストレスがたまっているために受け入れ可能な容量が少なく、すぐ満杯になるからです。

●お手本がないと、よい関わり方がわからない
　私たちは、親が自分にしてくれたことを通して他者との関わり方を学習します。子育ても、ふと気づくと親と似たことをしているものです。何かにつけて攻撃的に反応する人は、そのようにされて育った人かもしれません。大人になるまで誰からも適切な養護を受けられず、よいロールモデル（養護的な関わり方のお手本）と接したことがない人が、言うことを聞かなかったり泣き続けたりするわが子を前にすればパニックになるのが当然なのかもしれません。

　「私はがまんしたのに、どうしてあなたはそんなに要求するの」「私は冷たくされてばかりだったのに、なんであんただけ愛されなくちゃいけないの」といら立つのも自然なことです。

　子どもを傷つける行為はどんな事情があっても許されませんが、「思わずそう感じてしまう」のは仕方のないことなのです。**ご本人は子どもを愛したいのに素直に愛せない自分を責めて、つらくなっていることがほとんどです。**

●八つ当たりは、感情をごまかしてがまんする見返り
　子どもは、虐待されても「親に非はなく、自分が悪い。私がダメだから叱っ

てくれる」と思うことにすれば、「自分は愛されていない（見捨てられるかもしれない）」という不安から逃れることができます。「それなのに怒りを感じてしまう自分」は、あってはならない存在として無意識の世界に封印し、「ダメな自分は叩かれて当然」と自分を納得させるかもしれません。怒りの対象をすり替え、親の代わりに誰かをいじめることでたまった感情を発散するかもしれません。攻撃的な家庭で育った人は生き延びるためにそうするしかなかったのですが、いつしかそうした対処法がクセになり、安全な環境になってからもやめられないこともよくあります。そのまま親になると「悪い子をしつける」という理由でわが子を虐待するかもしれません。そこで実際に起こっていることは、表現しないまま封印した親に対する怒りや悲しみ、不安などの感情が弱い者に向かって噴出した「八つ当たり」です。

無意識についやってしまうのがクセですが、だからこそクセは意識すればやめられます。この構造に気づいて、感情をごまかすのをやめる（「どんな理由があっても、私は叩かれてはならなかった」「気持ちを受け止めてもらえず、とても悲しかった」と本当の気持ちを認める）ことができれば、八つ当たりをしなくてよくなります。

●他者に認められる体験が、連鎖を止める

「自分はダメで、大切にされる価値がない」と幼い心に刷り込まれてしまった人が、封印を解いて自分にやさしくなることはなかなか大変な作業ですが、不可能ではありません。**親からもらいそこねた「あなたは尊重される価値がある大切な存在」というメッセージを、どこかで誰かから受け取ることができた人は虐待する親になりません。**出会ったあなたが、その誰かになれるかもしれません。支援者が言いがちな「気持ちはわかるよ。でも」「つらいよね。けど」のでもやけどは禁句です。ご本人もいけないことはわかっているので、追い打ちをかけることになります。わかっているのに止められないから苦しいのです。否定しないで根気よく寄り添い、その苦しさをとことん受け止めてください。肯定的に支えられ、ありのままの自分が尊重される体験を積むことによって、相手はご自身の力で変わっていきます。傷が深いときは、その役割を専門家にゆだねることも、支援者の仕事です。

COLUMN 1

「虐待かも」と思ったら、
迷わずダイヤル189(いちはやく)

　近所の家から聞こえてくる泣き声、盗み食いや不自然な振る舞い…。「虐待？」と思ったら、迷わず通報してください。通報は、児童虐待防止法に定められた義務です。でも…迷いますよね。「確証がないのに」とか、「親を傷つけるのでは？」とか。その躊躇が、今苦しんでいる親子に支援の手が届く日を遅らせてしまうかもしれません。関連機関の職員ですべての子育て家庭にきめ細かく目配りをする余裕はありませんから、心配な親子に出会うには地域の方々の力が必要です。

　確証がなくても「189(いちはやく)」（児童相談所全国共通ダイヤル）に電話しましょう。疑いがある人のもとを職員が訪ねて丁寧に話を聴き、状況に応じて必要な支援や情報を提供します。虐待の事実がなかったとしても、通報者がとがめられることはありません。疑われた人につらい思いをさせてしまうのは支援者側もつらいけれど、＜本当に心配な親子を一人の見落としもなく見つけて支援につなぐために、少しでも疑いがあれば訪問して丁寧に関わる＞という仕組みは、健診とスクリーニング（p.61参照）の考え方と同じです。

　「厳しい監視」ではなく「やさしい見守り」として地域の目が活かされるように、どうぞ支援者がこの考え方を広めてください。

第3章

親子の気持ちに応える
子育て相談Q&A

I. 子どもの健康をめぐって

肥満は万病のもと？
～「自分が好き」へのサポートを～

> **Q** [5歳 男児] 息子は3歳児健診で肥満と言われ、栄養指導を受けましたが現在も身長105cm、体重22kgで肥満が改善しません。食べすぎとは思いますが、いくら注意しても食欲旺盛で減らすことができません。どうしたらうまく減量できるでしょうか？

A 一般的に2歳頃までの肥満は成人後の肥満と相関がなく、問題にしなくてよいとされています。ご質問のお子さんは3歳で肥満を指摘され2年間注意しても改善しないとのことなので、このようなケースでは将来の心身の健康を考えて対策を講じたほうがよさそうです。ただ身長が伸びる時期なので、この程度の肥満なら減量ではなく増え方をゆるやかにする方針で大丈夫。無理な目標は挫折につながりやすく、失敗体験を繰り返して自分を嫌いになり、開きなおって努力しないという悪循環になればそれこそ万病のもと。前向きに取り組めるように不安を支えるサポートを心がけたいと思います。

●**相談者は肥満をどうとらえているのでしょう**

保護者は、栄養指導を受けても肥満を改善できないと相談に来ました。指導者は話をするのが仕事ですが、相談を受ける支援者の役割は話を聴くことです。相手が今困っていることに焦点を合わせて、一生懸命聴いてください。

たとえば「お子さんの肥満で、一番心配なことはなんですか？」とたずねてみましょう。自分も肥満でダイエットできないためあまり真剣ではなかったのが、学校でいじめの標的になるという話を聞いて急に不安になった人なら、その不安に寄り添うことになるし、身近な人が糖尿病から腎不全になって必要以

上に将来の病気を恐れているなら、まずは正しい知識を伝える必要があるかもしれません。「肥満児を育てた親」というレッテルに傷ついている人なら、子どもの幸せを願うからこそそうならざるを得なかった５年間の苦労をねぎらうことが、子どもとの新しい関わり方を探すきっかけになりますし、祖父母が過剰に食べさせてしまって自分が思うように育てられないいら立ちを抱えている方なら、とことん愚痴の聴き手になってからでないとどんな方法を提案しても受け入れられないかもしれません。

●これまでどんな対応をしてきたのでしょう

　一般的な肥満の対処法を提案する前に、相談者は子どもの肥満を指摘されてからの２年間、どのように「注意」してきたのかたずねてみましょう。たとえばお菓子やジュースなどが常に買い置きされていて、いつでも口にできる環境で適量以上とらないよう子どもに求めるのは無理ですし、食事も適量を超えて「もっと」と言われたときにどう対処するのか聞いてみると、初めからおかわりを見込んだ量を準備していることも多いものです。

　そういう方に「それはよくないので、やめましょう」と言っても、たいていうまくいきません。きっぱり「もうないよ」とか「これでおしまい」と言えない人だから２年たっても過食の状態が続いているのです。NOと言おうとすると、どんな気持ちになるのでしょう。NOと言って「イヤだ。もっと」と抵抗されると、どう感じるのでしょう。**ぐずりに耐えられなくてつい与えてしまうそのとき、自分の中にわきあがる気持ちを話していただく**と意外な「気づき」に行き着くこともあります。

　たとえば多忙で、子どもとゆっくり関われない罪悪感があることに気づいたら、食べ物以外の方法で愛情を伝える作戦（寝る前15分でも、布団の中でくすぐりっこをして大笑いするとか）が有効かもしれません。

●子どもの自尊心を傷つける言葉は、保護者の不安のサイン

　NGワードを日常的に言っていないかも、確認してみる価値があります。た

とえば「食べすぎを止めたいとき、どんな言葉をかけるのですか?」と聞いてみてください。次のような子どもをおどかし否定する言葉、突き放す表現はコンプレックスや不安を引き起こし、むしろ過食を促進する結果になりがちです。
「そんなに食べるともっと太って、みんなに嫌われるよ」
「どうしてそうなの、しょうのない子。病気になっても知らないからね」
これらは保護者が自分を責め、不安を自分の中に抱えきれなくなっているサインです。支援者は、「思わずそんな言葉を言ってしまうほど強く心配している」「それだけ子どもを大切に思っているということ」といった表現で**肯定的なとらえ方を伝えられる**とよいと思います。

●親も子も「自分が好き」になる働きかけ
　これまでやってきた「できない自分を嫌いになるような肥満対策」は、うまくいかなかったのですからやめにして、自分を好きになる方向に切り替えましょう。コツをつかめば、むずかしいことではありません。自分が「すてきな宝物」だと気づけば、宝物に磨きをかけたい気持ちが自然とわき起こりますから、やせるという目標に向かって努力することが楽しい挑戦になります。

　①子どもが話すことに何度でもうなずき、しっかり肯定的に聴く
　②よいところを認める言葉かけをたくさんする（よく観察して、よいところを見つける）
　③ちょっとしたことを頼み、何度でも「ありがとう」と言う
　④もっと食べたい気持ちを認めて、もっと食べるという行動だけ制限する

「○○くんが手伝ってくれたから、とってもおいしくできたね。ありがとう。おいしかったから、もっともっと食べたいね。今日はこれでおしまいだけど、明日はどんなおいしいのをつくろうか。さあ、片づけるよ。○○くんはどれを運んでくれる？　そんなに持てる？　わぁ、ありがとう！」（命令形でなく疑問形で、子どもの意思を尊重するのがコツですよ！）

偏食は子どものうちに工夫して直すべき？
～信頼して任せてこそ将来の健康につながる～

Q [2歳　男児] 偏食がひどく、いろいろ工夫しても嫌いなものは絶対食べません。先日の保育参観でも苦手なトマトが食べられず、いつまでもテーブルに座らされていました。先生も初めのうちは「おいしいよ。一口だけ食べようね」とか「昨日も残したよ。明日は食べるって約束したよね」などと熱心に対応してくれていましたが、他の子たちが紙芝居を見終わって昼寝布団に入り始める頃、乱暴にＡの給食を片づけながら「食べないんならもういい！　Ａちゃんはお約束が守れないんだね」と言うのを見てショックです。そのあとの懇談会で「家庭でも努力して」と言われましたが、いくら努力してもダメなんです。もう、どうしたらいいのかわかりません。

A 残念ですが、似たようなお話を時々うかがいます。先生は「子どものため」のつもりで熱心に関わっているのだと思いますが、保護者は（子どもはもっと）深く傷ついて、追い詰められた気持ちになっているかもしれません。相談は気持ちのキャッチボールです。まずは相手が投げてきた気持ちを、しっかり受け取ってください。

「Ａちゃんがいつまでも残され、叱られるのを見てショックを受けたのですね。いろいろ工夫してがんばっていらっしゃるのに、ずいぶんおつらかっただろうなぁと思います」

もしあなたが、ご相談の場面の保育士を弁護して釈明や反論をしたくなったとしたら、自分がそういう反応をする傾向にあることを自覚して、そうならないように気をつけましょう。支援者が自己防衛に走ると、相談者の気持ちはその防護壁に当たって跳ね返ってしまい、キャッチボールができなくなります。

●子どもの気持ちを、発達の視点でとらえる

　２～３歳は、大人がさせようとすることに取りあえず「イヤ！」を連発して「自分で決める」「自分でする」にこだわる頃です。「大人の言いなりにはならない」という独立宣言で、**しっかりと自己を創りあげていくための大切な一歩ですから、その気持ちは尊重するのが原則です。**

　食事でもこだわりが強く「食べないと決めたら絶対食べない」とか「気にいったものばかり食べ続ける」といった姿をよく見かけます。しばらくの間栄養がかたよったり、量が不足したりしても、楽しい雰囲気を損なわないようにしていればいずれ必ず変わるので大丈夫です。

　味覚の点でも苦味は毒物、酸味は腐敗の警告として、幼児は本能的に拒絶する傾向があります。幼いうちに経験しないとずっと食べないと思うのは誤解で、子どものときに経験していないビールやコーヒーを大人は好んで飲みますし、昔は日本に存在しなかった食材を大人になっておいしくいただくことも珍しくありません。

　子どもは大人のまねをしたくてうずうずしています。大人が食べるのを見ていて、食べろと言われなければ必ず食べてみたくなるので、そのサインが見えたときに「食べる？」と聞いてみます。**食べるか食べないか、いつ食べるかは「子どもが決めること」**と腹をくくりましょう。誰でも「させられる」ことは嫌いです。まずは「食べさせられる感」から解放してあげることが、食べる意欲につながります。

●偏食を直すデメリット

　日本の食卓に上がる食材や料理は、今やとてつもなくたくさんの種類があります。それをみんな食べられないと偏食と言われるのでは、子どもも大変です。江戸時代にピーマンやトマトを食べた人はほとんどいませんし、一般家庭で牛乳を飲む習慣もなかったでしょう。昔の子どもは、今の基準から見ればみんなひどい偏食だったことになりますが、そんな幼少期を過ごした方々が立派な大人になって今の社会を築いてきたのです。

ご相談のお子さんが仮にこの先生のやり方でトマトを食べたとしても、屈服させられたイヤな気持ちだけが残って、強制する人がいなくなったら決して食べないことになりそうです。本来食事は、生物にとって飢えが満たされる至福の時間のはずなのに、**工夫や努力という名の強制が続く食卓はつらく苦しいばかりです**。子どもの心に「食事＝イヤなこと」と刷りこんでしまう弊害は、はかりしれません。またこの子は「偏食が多い困った子」「約束が守れないダメな子」「言うことを聞かない悪い子」といった無意識の裏メッセージを受け取って、自分を嫌いになってしまうかもしれません。嫌いなものは粗末に扱うので、このようなつらい体験をした子は将来、嫌いな自分を無意識に傷つける行動（心身の健康に悪いこと）をするようになるかもしれません。

●多彩な食物に興味を持つ環境にして、待つのが一番

　食事場面が楽しく、食べることを強制されなければ、他者が食べているものに興味がわいて自然に食べられる食材の幅は広がっていきます。そのためには、一緒に食べる人がいて、その人が日々多彩な食材をおいしそうに食べるのを見ていることが必須です。

　また子どもが食べるかどうかは別にして、食卓には各種食材がある程度バランスよく出ていることは必要です。今は肉が好きだからといって、肉ばかり3人分食べてしまうような行為はNG。好きなものでも一人分か少し多め程度にとどめ、他のものを食べなければ満腹にはならない状況にして、いずれ他のものも食べてみようと思うときが来るのを待ちます。無理じいによる心理的なこじれをつくらなければ、それほど長く続くことはありません。何十年も続くのでなければ健康を害することもありません。

　最近は子どもの気持ちを尊重して、食べ方を子どもに任せるバイキング形式の給食を実施する保育園も増えています。はじめのうちは極端にかたよったり他の子に配慮しないで取り過ぎたりすることがあっても、子どもを信頼して毎日続けていると、どの子も程々に好ましい食品選択をするようになるそうです。

サプリメントで完璧な栄養？
～子どもの「生きる力」への信頼を築く～

Q [4歳 女児] なかなか野菜を食べてくれません。キャベツや玉ねぎは焼きそばやカレー、ハンバーグなどに入れれば食べますが、人参や緑色の野菜はより分けて残してしまうので緑黄色野菜が不足していると思います。おやつには野菜ジュースをつけますが、気分で飲まない日もあります。友人にサプリメントを勧められましたが、薬のようなものには少し抵抗感があって迷います。野菜ジュースを飲まなかったときだけでも、サプリメントで補ったほうがよいのでしょうか？

A ご質問の文面から、どんな保護者像をイメージされたでしょうか？たぶん情報をきちんと受け止め、指導を守って正しい子育てをしようと考えている真面目な方なのだと思います。

　言うまでもなく栄養は食事から摂るのが大原則です。ジュースやサプリメントで補う発想には問題がありますが、食事で摂るように更なる工夫を促すアドバイスは、このタイプの保護者には適切ではない感じがします。この方は正しい知識をお持ちですし、工夫も努力もすでに十分していらっしゃいます。ここらで「今はこれでいい」と腹をくくって、**「食べることを親子で楽しむ」という一番大切なことに目が向くようにサポートしたい**と思います。

●自然の安全装置が働かない「健康食品」

　最近は「子ども用」と銘打つサプリメントもいろいろ出回っていますが、そうしたものを子どもに与えることに関する専門家の意見はどれも否定的です。効能が科学的に証明されているものはごく一部で、安全性に関するデータさえ

ない商品も多数あるのが実態です（「健康食品」の安全性・有効性情報（国立健康・栄養研究所情報センター）など）。
　野菜などの食材から摂る成分は、胃袋の大きさに限界があるので極端な摂りすぎになることはまずありません。塩や砂糖は、その成分だけを取り出し精製する技術ができたために摂りすぎの問題が起こったわけです。また味覚や嗅覚で危険を察知する本能的な感覚や、長年の食文化の蓄積が「危険なものは食べない」保証にもなります。ある成分だけを「摂りやすい形」に加工することは、そうした様々な安全装置を働かないようにすることですから、知識を持って理性的に判断しなければ危険を避けられないということになります。

●子どもの全体像に目をやりましょう
　栄養が足りないかどうかは、子どもを見て判断するのが一番です。元気に遊べるのなら、「生きるために必要な栄養」は摂れている証拠です。そこが確保できていれば、「健康のためによりよい食事」は長い目で見ていけばよいのです。あせると日々の食卓が窮屈なものになって食べる楽しみが失われ、かえって「よい食事」から遠ざかってしまいます。
　700万年ともいわれる人類の歴史の中で、多種多様な食糧が十分な量、いつでも手に入るようになったのはつい最近のことです。日常的におとずれる飢餓と何百万年も闘いながら進化してきた私たちのからだには、強靭で巧妙な調節のシステムが備わっています。少々不足やかたよりがある食事でも、ちゃんと体内でやりくりして、適応できるようになっています（いろいろな事情でビタミン欠乏症など病的な栄養不足が考えられる場合、医師の判断でサプリメントの使用を考慮するケースがあります）。
　あまり好ましくない食事でも、何年も何十年も続かなければ大きな問題を生じません。続かないことを目指せばよく、今すぐ改善しなくてもよいのです。支援者は、あせりの原因になる不安のタネをまかないように気をつけたいと思います。**子どもの「生きる力」への信頼が、不安な育児を抜け出すはじめの一歩です。**

●食事の様子を聞いてみましょう

　長い目で見て「よりよい食事」に向かうようにするには、どうしたらよいでしょうか？　食べてほしいものを子どもがいつか食べたくなるように、大事な要素は次の三つです。

　①一緒に食べる人がいて、楽しい雰囲気がある（いやな思いをさせない）。
　②いろいろな食べ物が程々のバランスで食卓に登場する。
　③一緒に食べる人がいろいろなものを食べるのを、いつも見ている。

一生懸命食べさせようとしないのがコツ。食べる姿を「見せびらかす」くらいのつもりで、「ひたすら待つ」ほうが解決は早いものです。急がば回れ！

●ハードルを上げるより、認めることから

　質問を読んで「焼きそば、カレー、ハンバーグ、どれもよくない献立ね」と思った支援者もいらっしゃるかもしれません。「子どもに迎合した手抜き料理」「かみごたえがなく、顎が発達しない」などなど、こうしたメニューに批判的な意見を目にすることも多いと思います。

　「多様な食材をバランスよく摂れるように工夫しましょう」と指導されて、子どもが食べない食材を何とか食べさせようと工夫した結果にダメ出しされたのでは、食べない子の親はたまりません。努力しても努力しても「もっと上」を求められるのでは、親のがんばりは報われません。まずは現状を否定しないで、今の努力を認める言葉をかけてください。

　「認めたら、それでよいと思ってしまうのではないですか？　いつも向上心を持つことが大事なのでは？」と考える支援者も多いかもしれません。ご自身のことを思い出してみてください。認められたら、向上心をなくしたでしょうか？　もっとがんばりたくなりませんでしたか？

　他者から大切にしてもらえること、認めてもらえることで、誰の中にもある「よりよくなろうとするエネルギー」が活性化します。数々の指導を真に受け、がんばろうとして、できない自分を責めたり食べない子どもに八つ当たりしたり…そんな結果になることを、支援者は望んでいないはずです。

アレルギー対応をめぐるクレーム
～相手の気持ちを否定しないで聴く～

Q [10ヵ月　女児]　生後1ヵ月頃から乳児湿疹がありました。医師には「月齢が進むとよくなることが多い」と言われ、指導されたスキンケアだけで様子を見てきましたが、最近アトピー性皮膚炎と診断されました。薬を塗れば生活に支障はない程度ですが、薬を使い続けるのは不安です。離乳食は6ヵ月からゆっくり始め、卵はまだあげていません。復職の時期が迫り、来月から保育園に入る予定なのですが、園では医師の指示書がなければ除去食はできないと言われてしまいました。医師は「食べさせてみて、症状が悪化しないものは食べさせる」という方針で、除去食の指示書を書いてくれません。症状が悪化してからでは遅いし、「アレルギー除去食に対応」とうたっている園で、現に卵の除去をしている園児はいるのです。無理な要望ではないはずだと思い園と再度交渉しましたが、「医師の指示書が必要」の一点張り。あまりに頭が固く不親切な対応で、怒りが収まりません。

A アレルギーに関して世にあふれる情報の中には誤ったものも多く、保護者が不安を抱え混乱するのは自然なことです。こうした混乱を防ぐために、アレルギー情報センターからガイドラインがネット上に公開されています。学会で認められた科学的な根拠に基づいて作成された指針で、現段階の知見ではもっとも信頼できる内容ですから、支援者はまずそこを踏まえることが重要です。

　このケースは、医師の判断も保育園の姿勢もガイドラインに沿った適切な対応なのですが、正しい情報に基づいて正当性を主張しても、保護者の気持ちはなかなか収まりません。ご自身が激怒した体験を思い起こしてみるとわかりやすいと思いますが、頭でわかっても気持ちがどうにも納得しないとき、正論で

説得されると追い詰められた感じになって、いっそう怒りがエスカレートしてしまいます。支援者が責められているように感じると自分を守るためにバリアを張る形になって、保護者の気持ちを受け止め寄り添うことができません。保護者の怒りの矢は、支援者に向いているのではないことをしっかり確認しましょう。

● 「怒り」の主な原材料は「不安」

ご質問の文面からは、保護者の戸惑いが伝わってきます。そこを糸口に話を聴いてみましょう。

たとえば「アトピー性皮膚炎と診断されたのですね。先生に言われたとおりにスキンケアをしたのに」という言葉をきっかけに「そうですよ！ 私がアレルギー体質なので気になったけど、大丈夫というから安易にミルクを足してしまって…もっと母乳を出す努力をすればよかった。友人はいい母乳を出すために妊娠中から卵や牛乳をやめ、いろいろ気を使っていたと聞いてショックでした（専門家による研究報告では、妊娠中の食事制限に子どものアレルギーを予防する効果は認められていません）。姑にも、母親の責任と責められるし」といった話が出てくれば、自分を責めてひとりでつらい気持ちを抱え、不安の中で必死に子育てをしてきた日々に共感とねぎらいを伝えることができるでしょう。怒りのもとになった不安や自責の痛みが受容されて初めて、正しい知識を受け入れる心の準備ができます。

● よくあるアレルギー対策の誤解
・疑わしい食品は、できるだけ食べさせないほうがいい

食べても食べなくても症状が変わらない場合、その食品はその症状の原因ではないということです。たとえ検査で反応が出たものでも、現在の症状と関連が見られない（食べなくてもよくならない、食べても悪くならない）場合はできるだけ食べさせるのが原則です。検査の信頼性が高くないことは、専門家の間では常識となっています。

・薬は副作用が怖いので、食事療法でがんばるほうがいい
　飲み薬はからだ全体の体液で薄まって患部に届きますが、塗り薬は直接症状があるところに塗れるため少量でも効果があります。ですから副作用の恐れも少ないのです。医師の指示どおり症状の変化に応じてきめ細かく使い分ければ、まず心配しなくて大丈夫です。
　一方、食事制限には多くの「副作用」があります。栄養的な問題（発育の遅れ、ビタミン欠乏症など）だけでなく、食べ物は他者とのコミュニケーションを促進する道具のひとつですから社会性の発達にも影響しますし、心理的にも大きな負担になります。代替食品を準備する保護者の経済的・労力的な負担感も、子どもは敏感に察知して自分を責め罪悪感を持つので、自己肯定感が低くなりがちです。除去食療法は、そうした**不利益を上回る利益があるときにだけやむを得ず行う治療行為（当然、医師の判断が必要）**です。掻きむしって一日中機嫌が悪い、眠れないといった症状が、清潔と保湿などのスキンケアや塗り薬で抑えられないときに初めて食事との関連を検討し、食べないと症状がよくなることが確実な食品を慎重に特定して、その食品だけを制限します（アトピー性皮膚炎の原因が食物アレルギーではないことも、もちろんあります）。

・離乳食は開始時期も進め方も遅くしたほうがいい
　これも世界中で多くの研究が行われていて、遅らせてもアレルギーの発症率は減らないことが確認されています。ガイドラインでは食物アレルギーがある場合でも、原因食品以外のものは通常のペースで進めてよいとされています。

●今後の見通しを具体的に
　とはいえ、食物アレルギーで命を落とすこともあるのですから、相談者は医師に「食べさせてみて」と言われても、怖くて決心がつかないのかもしれません。その気持ちを医師に率直に伝え、医師の指導のもとで食べさせてみて、入園までに「食べても大丈夫」と納得できるとよいですね。不安な気持ちを大切に受け止めたうえで、アトピー性皮膚炎は心理的なこじれをつくらなければ学童期までに改善することが多い病気であることも伝えてください。

水ぼうそうをうつしてしまい、申し訳ない
～相談者の力を信じて、寄り添う～

Q [1歳4ヵ月　男児] 昨夜入浴中に赤いポツポツが2つあることに気づきました。今朝見ると数が増えていたので、あわてて受診したら水ぼうそうと言われました。昨日は育児サークルで遊んだのですが、みな1歳前後でまだ予防接種をしていない子が多く、いろんな子にうつしてしまったと思います。あさって家族で遊園地へ行くと言っていた人もいて本当に申し訳なく…みんなにどう言われるだろう、どうしてもっと早く気づかなかったのか、早く予防接種を受けておけば、などいろんな考えが次々浮かんでパニック状態です。謝っても取り返しのつかないことだし、どうしたらいいのかわかりません。

A 相談者はご自分のお子さんの病気の心配より、他の方を気づかって混乱していらっしゃるようです。何でも自分のせいにして、自分を責める思考パターン（考え方のクセ）を持っている方には、こうした日常的な出来事が想像以上に大きな不安をもたらすことがあります。「そこまで気にしなくても」といった支援者の思いはひとまず脇へ置いて、この相談者の混乱をありのままに受け止めましょう。自分で思いつめ確信していることを他人から否定されて、「ああ、そうか」と思えるほど私たちの心は単純ではないからです。正しい知識の提供にとどまらず、丁寧に気持ちに寄り添ってください。

●相談者を大切に思う気持ちを伝える

　この方の関心が、病気のお子さんのことより他者の反応にばかり向いてしまうのはなぜでしょう。親などから何かにつけて「お前が悪い」といったメッ

セージを押し付けられてきた人かもしれませんし、学校で仲良しだったグループから突然理不尽に責められた経験があるのかもしれません。他にも理由はいろいろ考えられます。理由を知る必要はありませんが（ご本人が話したくなる日がいつか来るかもしれませんが、それまでは理由を探るような言動はNGです。話せない間は話せない気持ちを大切に受け止めてください）、いつも他者の反応にアンテナを張ってピリピリしている子育てはつらそうだな、という想像力は必要です。

　支援者が最初にすることは、この方がこれまでにもらい損ねてきたであろう「あなたが大事」というメッセージを伝えることです。自分が大切に扱われる体験は自己肯定感を高め、考え方のクセが変化するきっかけになります。

　「ご自分を責めてばかりでつらそうですが、大丈夫？　お子さんの具合はどうですか？」など、私たちは**相談者を気づかいねぎらう姿勢を心がけたい**と思います。

●知識は客観的に考える道具

　水ぼうそうは感染してから発病まで2～3週間かかるので、取りあえずお友達の遊園地行きは問題なさそうです。どんなに気をつけても、水ぼうそうは発病の1～2日前から感染力があるので人にうつしてしまうことは避けられません。予防接種も万全ではなく、水ぼうそうの場合1回の接種で発病を防げるのは80％前後（2回接種でほぼ100％）です。誰でもうつす側になる可能性があるのですから、お互いさまと思える関係がつくれるとよいですね。

　こうした知識は相談者が考えを整理する道具として役立ちますが、道具があっても、すぐにそれを使って不安や混乱から抜け出せるとはかぎりません。サークル仲間の反応を恐れる感覚は、過去に体験した恐怖や傷つき、怒りなどの感情と重なっていることが多く、手放すのは容易ではありません。いつも相手の反応を敏感にキャッチし、危険を感じたら「取りあえず自分が悪いと思い込んで謝る」という対応策は、攻撃的な環境で育った人にとっては自分が壊れないように攻撃を避け、攻撃されてもダメージを最小限にするために重要な方

法だったのです。長年その方法で身を守ってきたために、攻撃を予感して不安になったとき反射的に同じ反応をしてしまうパターンがクセになっているわけです。

知識を提供しても、相談者は「でも、でも…」と煮え切らないかもしれません。支援者は「どうしたらわかってもらえるの」といら立つより、**煮え切らない気持ちをそのまま認めて寄り添ってください。**

「頭ではわかっても、心がなかなか納得してくれないことってありますよね」

● 支援者自身の気持ちにも目を向ける

「エッ、それでいいの？」と思われた方もいらっしゃるでしょうか。相談者の不安が解消しないままでは、なんだかスッキリしなくて落ち着かない気分かもしれません。そんなときは、その気持ちをじっくり感じてみてください。

相談されると、解決してあげなければいけないような気がしていませんか？ 解決してあげられないと、自分が役割を果たせなかった感じ？ 自分の力が足りないように感じて「申し訳ない」と思う方もいらっしゃるかもしれません。

力になりたい、助けてあげたいといった支援者の気持ちは貴重で、もちろん否定されるべきではありません。でも**解決してあげないと不安になるとしたら、「相談者は自力では解決できない」と思っている**ことになります。内心「わからない人ねぇ」とあせり始めるとついつい説得調になり、「**そう思えないあなたはダメ**」といった無言のメッセージを伝えてしまうことになりかねません。支援者の中に「役に立てる自分」を感じたい欲求がないか、探してみてください。

解決を相談者にゆだねることは、「あなたには自分で解決する力がある」という支援者の無言の信頼を伝えることです。相談者は、ありのままの自分を肯定的に支えてもらえると少し勇気が出て、その人なりの方法で問題に向き合うことができます。支援者は問題を解決してあげることによってではなく、相談者が自分で解決するチャンスを奪わないことによってこそ、役に立つことができるのです。主役は相談者です。信じて待てる支援者でありたいと思います。

紫外線　浴びたらダメ？
～気持ちを認め、リスクとほどよいお付き合い～

Q1　[10ヵ月　男児]　私たちはサーフィンで知り合った海大好き夫婦です。去年は出産直前だったので、夫だけ海に行き、私は留守番でした。今年は絶対家族３人で楽しみたいので注意事項を教えてください。

Q2　[3歳　女児]　保育園では午前中に園庭で遊んだり、散歩に行ったりしているようです。夏場に向かって、午前中でもかなりの紫外線を浴びるのではないかと気がかりです。せめて晴れた日の外遊びは、やめてもらえないでしょうか。

A　近年オゾン層破壊の問題から、紫外線の浴び過ぎによる害についてたくさんの情報が流れるようになりました。あくまでも「浴び過ぎ」がよくないという話で、適度な日光は骨を丈夫にし、良質な眠りをもたらすなど人間にとって必要不可欠なものです。「適度」がどの程度なのかがあいまいなので、人によって心配する程度に大きな差があります。相談を受けるときは、その差に十分配慮する必要がありそうです。

●**相談者の「気持ち」は、しっかり受け止める**

　二つのご質問はどちらもちょっと極端な感じがしますが、そうした方にこそ相談の場が必要なのかもしれません。世間の情報をほどほどに取り入れられる人は、あまり相談をなさらないでしょうから。

こんな相談を受けたとき、「非常識」「わがまま」とか「神経質」「過保護」といった思いが先だって「困った親」と決めつけないように気をつけましょう。相談は、相手の気持ちをそのまま受け止めることから始まります。
「去年はがまんしたんだから、今年はママも楽しみたいですよね」
「近頃は親を不安にさせる情報があふれていて、何かと心配になりますね」
まずはそんな言葉で、「あなたの『気持ち』は、受け取りましたよ」ということを伝えましょう。相談者の中に、「わかってもらえた」という安心感ができてはじめて、客観的な情報を受け入れ自分で冷静な判断をする準備が整います。**気持ちを認めるのと、行動を認めるのとは別のことです。**

●正しい情報を提供する

相談者が自分で判断できるように、噂のレベルではない正確な情報を提供しましょう。紫外線の防御については、たとえば環境省から出ている「紫外線環境保健マニュアル」に科学的なデータと詳しくやさしい解説があります（ネット上に公開されています）。

日本人は白色人種に比べて紫外線の害を受けにくく、皮膚がんはオーストラリアの百分の一で、最近どんどん増えているわけでも、紫外線が強くなる南の地方に行くほど増えるわけでもないそうです。ですが、乳児の皮膚はデリケート。砂浜で短時間抱いていただけで顔にひどいやけど状の症状が起こることもあります。皮膚の防衛力にも個人差があって、友達の子が大丈夫でも自分の子は違うかもしれません。肌の弱い子は、皮膚科医の意見を聞いてもらうことも必要でしょう。

海岸に比べれば土の園庭や草地は紫外線の反射が少ないですし、つばの広い帽子をかぶって日陰を選んで歩くなどの対策でもある程度紫外線は防げます。日焼け止めを使うのもひとつの選択肢です。子ども用の低刺激のものを選んで、念のため広範囲に塗る前に少しだけ塗り、2日ほど様子を見て発赤やかゆみなどが出ないか確かめれば安心です。ただし寝る前にしっかり落とさないと、皮膚トラブルの原因になります。

● 塩梅（適度な塩加減）の発想で、リスクと付き合う

　塩を一度に大量に摂れば脱水症を起こしますし、塩分の摂りすぎが何十年も続けば生活習慣病になる確率が高くなりますが、適度な塩味は料理をおいしくいただくために重要な要素ですし、生命の維持に欠くことができないものでもあります。塩の危険性をあなどってはいけませんが、恐れすぎて生活が窮屈になり、楽しみを失うのも得策とはいえません。**危険性を知ったうえで、ほどよく付き合えるようにサポートしていけばよいわけです**。

　紫外線も同様で、Q1の相談者は家族で海に行きたいと思うあまり、乳児を海岸に連れ出すリスクを過小評価しているかもしれません。海岸の紫外線は強く、砂浜からの乱反射も大きいので、曇っていても日陰にいても、赤ちゃんには危険すぎます。家族で行くとしたら夫婦が交代で屋内に残って、子どもを守ってあげる選択ができるとよいですね。

　Q2の相談者は、何かにつけて不安が強い方かもしれません。子どもの頃に危険な挑戦をした経験がないとか、親にいつもおどかされてきたとか、いろいろないきさつで「よくないもの」も抱えていく力が弱いのかもしれません。「どんなリスクも完全に排除しないと不安だ」と感じる人は案外たくさんいます。不安は、言葉に出して他者に受け取ってもらうと、その分だけ軽くなります。相談者が不安な気持ちを存分に話せるように、ゆっくり聴いてみてください。

　相談者の気持ちが落ち着いたら、私たちは案外多くのリスクと無意識に共存していることを話してみるのもよいと思います。道を歩けば飲酒運転の車が後ろから突っ込んでくるかもしれませんが、それを恐れて外出しない人はいません。車に乗れば事故にあうリスクがありますが、便利さを優先して、より安全な電車ではなく車を選ぶことはよくあります。豊かな生活を手に入れるために、少しのリスクを引き受ける選択をしているわけです。リスクを知って、できる範囲で「気をつける」ことはしますが、すべてのリスクを避けなければならないわけではありません。**「不安」という心の働きは、生物が危険から身を守るために必要なものです**。相談者の気持ちを大切に受け止めながら、ほどほどにリスクと付き合っていけるように支援したいと思います。

健診で発達障害と言われた
~不安を不安のまま抱えるサポート~

> **Q** [3歳　男児]　3歳児健診で発達障害を指摘され、ショックです。うちの子は慣れない場所では落ち着きなく動き回りますが、いつも落ち着きがないわけではなくブロックなどは大好きで、かなり集中して凝ったものをつくります。友達には「この地域は健診が厳しくて、ちょっとしたことでも引っかかる」と言われましたが、紹介された医療機関の予約は2ヵ月先。いろいろ困ることがあっても、これまでは「子どもにはよくあること」と思っていました。今はそのたびに「障害だから？」と考えてしまい、イライラして怒鳴ったり涙がこみ上げたり、不安な毎日です。

A　「障害」という言葉には重い響きがあり、突然の指摘であれば大きな衝撃を受けたことと思います。支援者は、その驚きや混乱する気持ちにひたすら寄り添いましょう。「ついイライラするのは自然なこと」といった受け止めの言葉や、相手の言葉を繰り返したり、ただうなずいたりするだけでもよいでしょう。相談者が話したいことを十分に話せるようにはじめは**聴き手に徹して、安易な慰めや励ましはしない**ことです。「そんなふうに考えないほうがよい」「あまり深刻にならないで」といった言葉も、適切ではありません。相談者は、そういう気持ちが否応なくわき起こって、そう思わないではいられないのです。否定しないで、聴き続けてください。**攻撃的な気持ちが受容されると、攻撃的な行動は収まってきます。**

　発達障害は、他の障害と比べ「何ができないのか、どんなことに不自由があるのか」がわかりにくく、しつけの問題や努力不足と見分けがつかないために理不尽に叱られたり励まされたりして傷つき、自己否定に陥りやすい傾向があります。障害のためにできないことがあることに早く気づけば、どんな支援が

必要なのかがわかり、その子が生きやすい環境を整えることができます。親はできないことをさせようとしていら立たなくてよくなり、子どもはできることを伸ばして自信をつけられます。障害の診断はショックなことに違いありませんが、**親も子もラクになるはじめの一歩でもある**のです。

●これまでの子育てをねぎらう

　気持ちの受け止めの次の段階は承認です。これまでの育児で大変だったことをたずねてみましょう。お子さんは今後「障害はない」と診断される可能性もありますが、健診で専門機関の受診を勧められるような心理・行動特性があるとすればなんらかの「育てにくさ」を抱えてはいるのでしょう。多動やかんしゃく、極端なこだわりなど、保護者はむずかしい子育てにへとへとになっていることが多いものです。3年間の**苦労話に耳を傾け、がんばってきたことに心からねぎらいの言葉をかけてください**。がんばってもうまくいかない無力感やあせりなどを「わかってもらえた」と感じていただければ信頼関係の基盤ができます。

　具体的には、たとえば落ち着かない様子なら音や映像などの刺激を減らすとか、食事など集中させたいときはいろいろなものが目に入らない位置に座らせる、といった提案が有効かもしれません。自己主張する力が高まる3歳頃にはかんしゃくも多くなりますが、カレンダーに印をつけて「今日はダメだけど、日曜日には（あと3つ寝たら）行ける」など、時間的な見通しが持てるようにしてやるとよいようです。「言うことを聞かない」も多い訴えです。わかりやすい短い言葉で、禁止語ではなく何をすればよいかを伝えます。いたずらなど好ましくない行動は、中途半端に叱るより無視するほうが効果的です。相手にされずつまらなくなってやめたら、やめたことをほめます。言葉による指示が入りにくく、絵などで見える形にしてやるとわかる子もいます。

●健診では「診断」をしていない

　健診は、簡単な検査で多くの人を短時間にざっと診て、詳しく診たほうがよ

さそうな人を選び出す場〔スクリーニング（p.61参照）といいます〕なので、結果はとても不正確です。少しでも気になれば二次健診に回して詳しく診てもらえるようにするのは、する側にしてみれば親切なのですが、受ける側は「厳しい」と感じることになります。

　発達障害の診断は発達を診る専門医の他、心理士、言語聴覚士、保育士など複数の専門家が検査をしたり実際に遊ぶ姿を観察したりしながら総合的に判断する必要があるため、全員を対象にするのは困難です。問診などでふるいにかけて、通過すればそこでおしまい。詳しく診てもらえるのは、ふるいに残った人だけの「特典」というわけです。支援者は、ぜひこの仕組みを教えてあげてください。

　「この子は自閉症ですか？」とか「うちの子、おかしくないですよね」などと支援者が診断に関わる判断を求められることがありますが、そう簡単に判断できるものではないことを繰り返し伝えてください。診断がつくまで、不安でたまらない気持ちに寄り添いながら待つしかないのです。**支援者の役割は不安を不安のまま抱えていくサポートです。不安を取り除いてあげることではありません。**

●ともに育てる姿勢で情報を共有する

　対人関係に困難がある発達障害の症状は、集団の中で子どもを見ている保育者のほうが気づきやすいのは事実です。早く気づいて適切な医療や療育につながれば、支援的な養育環境の調整ができるので虐待の予防や就学後の不適応などを未然に防ぐ手立てともなります。

　ですから集団の中で気づいた「気になること」を保護者に伝えるのは大切なことです。「園でこんな姿が見られます」と事実だけを客観的に伝えて、「困るから何とかして」と親が責められている感じにならないように配慮してください。プロとして親子がラクになる情報を提供できればなおよいですし、「お家ではどうですか？」とたずねれば、「ともに育てる同志」というメッセージが伝わるかもしれません。

「寝ぼけ」が続く。就学準備がストレス？
～肯定的な表現に言いかえる工夫を～

> **Q** [5歳　女児] 最近寝ぼけがひどくて困っています。寝ついてしばらくすると突然起き上がって家の中を歩き回り、ドアを開けて外へ出てしまうこともありますが、しばらくすると勝手に布団に入って寝てしまいます。小児科で「子どもにはよくあることで心配ない。ストレスでは？」と言われました。入学に向け身の回りのことを自分でさせたり通学路を一緒に歩いてみたりしていますが、それが負担なのでしょうか？

A　「夢中遊行」といって大人でも時折見られますが、小児科の先生がおっしゃるように、子どもにはとてもよくある出来事です。一般的には特別なことをしなくても自然になくなっていきます。歩いたりしていても脳は深い眠りに入っている状態なので強い刺激でも目覚めさせることはむずかしく、そっとしておいたほうがよいとされています。朝起きたときには覚えていないので、翌日そのことを話題にするのは避けたほうがよいでしょう。

　外に出たり、風呂場に入ったりといった危険があれば、鍵をかけるなど安全の配慮をして見守ってください。通常こうしたことが起こるのは寝入りばな3時間くらいまでです。

　とはいえ、今回のように就学準備がストレスになっているかもしれないと気づかれたのなら、子どもからのSOSのサインと受け止めて関わり方を見直してみるよい機会かもしれません。年長児の就学準備について考えてみましょう。

●どんな関わり方をしているのか、具体的に聴く

　「身の回りのことは自分でする」にしても「通学路を歩く」にしても、相談

者がお子さんにどのような言い方をしているのかがポイントです。

「そんなんで学校へ行ったら、先生に叱られるよ」「学校では、モタモタしていると置いていかれちゃうのよ」などのオドシ文句を繰り返し言っている保護者もいらっしゃいます。**一般論で話さないで、具体的な場面を取り上げて実際の様子を聞きましょう。**

「通学路を一緒に歩かれたのですか？　たとえば信号を渡るときは、どんなお話をされたのですか？」

信号が青でも点滅していたら渡らないとか、途中で信号が変わったらどうすればよいかとか、青でも曲がってくる車があるなど、親として話しておきたいことはたくさんあります。そうしたことを「これからは一人で歩くのだから」「ママはいないのだから」といった前置きをつけて言っているとしたら、子どもは練習すればするほど不安になってしまうかもしれません。

しっかり勉強しないと落ちこぼれになるとか、学校ではいじめられるから目立つことをしてはダメとか、他にも着替え、食事、トイレなど、いろいろな場面でことあるごとに「学校では○○」と言っているご家庭もあります。幼稚園や保育園の先生の中にも、そういう方がいらっしゃるかもしれません。大人は励ましているつもりでも、これから未知の世界に踏み込もうとしている子どもの心は想像以上に大きな不安や恐怖を感じていることがあります。

●**そう言っているときの気持ちを聴く**

もし、相談者が子どもを不安にさせるような言い方をしがちな方だとわかったら、**子どもにそういう言葉を言っているとき、自分は何を感じているのかをたずねてみてください。**

「お子さんにそう言っているとき、ご自身の胸の中はどんな感じですか？」

まずはそう言わないではいられない親の気持ちを、丁寧に聴きましょう。静かにうなずくとか、「ああ、なるほど」「そうか、そんな風に思うのですね」といった受け応えをしながら、どんな気持ちも否定しないで（「でも」とか「そんなことはない」といった意見をはさまないで）聴き続けると、やがて相談者

ご自身が「私が不安なんだ！」と気づくと思います。

親の送迎がなくなることは、幼児期と学童期の最大の変化かもしれません。子どもには大事な自立のステップですから、親は「いつもそばにいて、危険や困難から守ってあげる」ことができなくなる不安に耐え、子どもの力を信じて送り出すしかありません。支援者は、**ここまで育ててきた保護者のご苦労をねぎらい、がんばりを認めて、その不安を支えてください**。そうした働きかけは、保護者が自分を信じる力となり、それが子どもを信じる力になります。

子どもを心から大切に思うからこそ不安になり、「転ばぬ先の杖」をいくつも持たせてあげたくなる親心は、真剣に一生懸命子育てをしている何よりの証拠です。これまで親に真剣に向き合ってもらえた子なら、自分を信じる力がありますから心配ご無用。何かが起こっても自分で考え、親以外の大人に頼ったり、友達と力を合わせたりして、自分で解決できます。

親が不安だと、自分の不安を子どもに押し付けてしまうことがよくあります。親の不安から発せられる否定的な表現は、「あなたは自分ではうまくやれない」という暗黙のメッセージを子どもに伝えてしまい、それを受け取った子どもも不安になるので困ったときにうまく対処できない結果になりがちで、「ほらね、だからこの子は私がいないとダメなの」と悪循環になってしまいかねません。

●肯定的な表現に言いかえる練習をしよう

たとえば「信号が青でも曲がってくる車があるから、よく見なければダメよ」と言われるより、「青でもよく見て渡れば、曲がってくる車があっても大丈夫だね」のほうが受け取る人の気持ちがラクですね。「勉強しないとわからなくなる」と言われたら不安だけれど、「勉強したらわかることがいっぱい増える」と言われたら、勉強するのが楽しみになります。自分がよく言う否定的な表現に気づいたら、寝る前にでも肯定的な表現に言いかえる練習をしてみるのはどうでしょう。むずかしいときはクイズ感覚で、ご主人や友達などと一緒に考えてもいいかもしれません。慣れてくればそれほどむずかしくはありませんし、大人も楽しい気分になってきます。

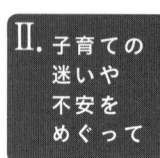

II. 子育ての迷いや不安をめぐって

一緒に食べないと得られないものって、なに？
〜食卓には、幸せに生きる力を身につけるチャンスがたくさんある〜

> **Q** [3歳　女児]　食事は家族そろって食べたほうがよいとは思いますが、わが家では日曜の夕食くらいしか一緒に食べる機会がありません。朝は夫と二人で簡単な食事をすませてから子どもを起こし、子どもがパンを食べている間に自分の身支度や保育園の準備などをします。夕食も保育園から帰ったら早く食べさせないとぐずるし、8時には寝かせないと朝起きられないので子どもだけ先に食べさせている間にお風呂を沸かしたり掃除をしたりとあわただしく、私が一緒に座って食べる余裕はありません。夫の帰宅もたいてい深夜です。話しかけたりはしますが、これも孤食なのでしょうか。ネットで「非行の原因」みたいなカキコミを読んで「一緒に食べないと得られないものって何だろう」と、子どもを寝かせたあとひとりで夕食を食べながら考え込んでしまいました。

A　本当に大変な時期ですね。**まずは子どものためによりよくと考えるからこそ悩み、日々がんばっていらっしゃる保護者に、心からねぎらいの言葉をかけてください。**

「一緒に食べたほうがいい」と思ってはいるのですから、今後お子さんが成長してもう少し起きていられるようになれば、この生活パターンは自然に変わっていくものと思います。今はこの方法でうまくいっているのなら、あまり無理しないでできることを見つけましょう。ひとまず「一緒に食べる人がいる食卓」でなにが得られるのか、考えてみます。

● **大人がすることを見て、まねる**

誰でも人からさせられることは嫌いですが、あこがれの人がすることはまね

したくなるものです。子どもは親のすることを本当によく観察していて、いつの間にかよく似た仕草や態度を取るようになります。茶碗を持つこと、箸を使うこと、フォークだって大人のようにカッコよく扱いたいし、今はまだ口にする勇気がない食べ物を平気で食べる大人ってすごいと思う。いつか食べられるようになることは、大人に一歩近づくこと。だから「それ、ちょうだい」と大人のおかずに手を伸ばしたり、「食べる？」と大人に勧められたりして一口食べてみるのは大冒険だし、食べられた自分にちょっとした達成感を味わうかもしれません。そういう心の栄養は、**子ども自身が「大人みたいに食べてみたい」と思うタイミングを待ってこそ手に入れられる**わけで、一緒に食べる人がいる食卓ならそのチャンスがたくさんあることになります。

● 大人と話し、聞いてもらう

　私たちは誰かと交流を深めたいときに、一緒に食事をするという方法をよく取ります。**食事は、便利で使いやすいコミュニケーションの道具のひとつです**ね。改まって話すために向き合うのもなんだか窮屈ですし、子どもが遊んでいたり親が家事をしたりしながらの会話では目が合わなくて落ち着きません。みなが他のことをやめて食卓につき、「一緒に食べながら」なら無理なく会話が進む感じがします。子どもはご飯を食べながら**思いついたことを話し、聞いてもらうことで家族に受け入れられている自分を確認して安心します**。そんな体験の積み重ねが「家族の一員として、ここに自分の居場所がある」というゆるぎない自信の基盤になるように思います。

● 他者との関わり方を練習する

　「前をごめんなさい」と声をかけて醤油さしに手を伸ばしたり、料理の感想を言ったりおいしいものを分け合ったり、「それ、取ってくれる？」「はい、どうぞ」「ありがとう」…そうした何気ないやりとりを通して相手を気づかうことや、できないことは頼んでよいこと、やってもらったら謝意を伝えることなど、この先子どもが生きて行く社会で必要になるいろいろなことを学習する材

料が食卓にはたくさんあります。頼まれたことをやってあげて感謝される心地よさや他者の「役に立てる」感覚を体験することは、相手を思いやる気持ちをはぐくむ何よりの栄養です。

　パパとママが大人の話をしているとき、自分が置いてきぼりの感じがして不安になってきたら、どうすればいいでしょう？　味噌汁をこぼしたり、かんしゃくを起こしたりして注意をひく手もあるけれど、「ねえ、私の話も聞いて！」と言ってもいいし、「私だけ仲間はずれで、さびしい」と気持ちを伝えるのもよい方法です。**食卓は社会のミニチュア。子どもが将来学校や職場できっと出合う葛藤を体験し、いろいろな方法で対処してみる練習がたくさんできます。**やってみて、怒られることもあるけどうまくいくこともある。たくさん失敗して、**人間関係の調整能力を鍛える絶好の機会**と言えるでしょう。

　そんな場面に遭遇した大人は、「ああ、ごめん。イヤだったね」と子どもの気持ちを受け止め、「気持ちは表現すれば伝わる」という経験をさせてあげたいものです。発達に応じて、かんしゃく（怒りの表出）より「さびしい」「悲しい」といった気持ちを言葉で表現するほうが伝わりやすいことを教えるのも、親の大切な役割です。もちろん、やむを得ず大人の話を続ける必要があるのなら、子どもの気持ちを受け止める言葉を言ったうえで「どうしても今決めなければならないことがあるので、もう少しがまんしてくれる？」と言ってもよいのです。それもまた、大事な経験です。

●今は、今できることを

　そんなわけで、一緒に食べることで子どもはたくさんの宝物を手に入れることができますが、それが**わかっていれば一緒に食べなくてもできることはたくさんある**とも言えそうです。家事をしながらでも、子どもが話し始めたら真剣に相づちを打って一生懸命に聞いたり、子どもの食事の準備や片づけのときにちょっとしたことを頼んだり。日曜の夕食は家族がそろうのなら、それはスペシャルな時間。からだの栄養と同時に心の栄養にも少しだけ気を配って、楽しく豊かな食卓を意識的に演出してみてはいかがでしょうか。

心のサインとしての腹痛
~親だって痛い~

Q 【5歳　男児】 最近「おなかが痛い」と言うことがたびたびあり、かかりつけの小児科を受診したところ特に異常はなく、ストレスではないかと言われました。静かにしていれば20分ほどで治るのですが、そのときは顔色も悪くなって本当につらそうで、仮病とは思えません。ストレスといっても、幼稚園には元気に通っていますし、別に思い当たることがありません。大きい病院でもっと検査をしてもらったほうがよいでしょうか？

A 腹痛に関連する病気はたくさんあるので、異常がないと言われても信じきれない相談者の気持ちは理解できます。はじめに「病気が見落とされていないか、気がかりなのですね」「子どもがつらそうだと、親も心配になりますね」など、心配な気持ちを受け取ったことを伝えましょう。とはいえ大きい病院で検査となると、子どもはたくさん怖い思いや痛い思いをすることになるかもしれません。腹痛はじきに治まるのですし元気に幼稚園に通えているのですから、仮にからだの異常があったとしても緊急性が高いものではなさそうです。まずは親子の気持ちに寄り添ってみるのもよいと思います。

●心の訴えとしてのからだの症状

　心理的なストレスはその人の心の中で起こる反応なので、何がどのくらいストレスになるかは客観的な刺激の種類や強度と関係ありません。緻密な作業が得意な子にはラクにこなせる課題でも、苦手な子には大きなストレスになりますし、失敗すると厳しく叱られる環境で育った子と、失敗してもおおらかに受容される環境で育った子では、課題に取り組む緊張感や失敗したときの不安、

自己嫌悪などの感情も違ってきます。

　子どもは心がつらくてもそれがわからなかったり、わかっても表現できないことが多いので、からだの症状という形でサインを出すことがよくあります。原因が心理的なことであったとしても症状は本物で、決して仮病ではありません。そのときは本当に痛いのですし、怖い病気になったのではないかと強い不安に襲われていることも多いのです。大人が一緒に不安になれば子どもはますます不安になって、それが新たなストレスになってしまうこともあります。

　「ここが痛いの？　大丈夫、こうして静かにしていたら治るからね」と痛いところに手を当ててやさしく声をかけ、よくなったらそのことを一緒に喜んで安心を共有しましょう。軽くあしらったり、「ささいなことで騒いで」などと責めるような態度は、解決を遅らせる原因になります。心理的な要因といっても、無意識の底に押し込めた心の反応なので、わざと（本人が意識的に）しているのではないことを支援者は丁寧に説明してあげてください。

●保護者の気持ちは複雑

　相談者の表面に現れている気持ちは「**本当に身体的な異常はないのか**」という心配ですが、他にもたくさんの思いがある感じがします。「私は、病気になるほどのストレスを子どもに与えているの？」「子どものストレスに私は気づいてやれなかったの？」といった自責感が強ければ、本能的にそれを否定したい気持ち（そんなはずはない。きっとどこか悪いのだ）が働きます。薄々思い当たることがあればなおさら、「ストレスはない」と否認していることも多いものです。

　たとえば「ひどく叱ってしまうことが多い」とか、「夫婦仲が悪い」とか、そうしたことが思い当たったとしても、たいていの保護者は「どうにもならない」と思っているのではないでしょうか。早期教育や習い事も、やめられない理由（保護者の潜在意識の中にあるコンプレックスや対抗意識、不安や罪悪感などなど）があることが少なくありません。対処できないストレスに思い当たってしまうと困るので気づかないようにするのは、誰でもやっているとても

自然な心の動きです。**自分が壊れないように勝手に働く防衛システムなので、支援者はその気持ちを大切に受け止める必要があります。**

● **ねぎらいと共感で、保護者のストレス軽減を**
　ストレスの原因を探るのは、実は大変むずかしいことです。すぐ目に付くことを原因と決めてしまうと、複雑に絡み合った他の要因が見過ごされて解決が遠のく結果になりかねません。犯人探しはやめて、この子とじっくり向き合い、二人で楽しむ時間を意識してつくるようにしてみるのもよいかもしれません。
　同時に保護者のケアも大切です。子どもがストレスをためているとすれば、保護者も相当ストレスをためているに違いありません。よくないことを指摘して改善を求めれば、保護者はいっそうつらくなってストレスがたまり、意に反して子どもを傷つけてしまうかもしれません。**まずは親がラクになることが、子どもがラクになる第一歩です。**たとえば、
　「この子を育てる中で、一番大変だったこと（つらかったこと）は何ですか？…そうでしたか、そんなご苦労（心配）があったのですね。そんな中で、よくがんばっていらっしゃると思います。（相手が自己否定的な話を持ち出したら）そのときは、そうするしかなかったのですものね。お子さんを思うからこそ、そうならざるを得なかったのですよね。いつもそんな風にご自分を責めていらっしゃったのですか？　どんなに、おつらかったでしょう」
　支援者からのねぎらいや共感によって自分が支えられることで、子どものつらさに気づき、支えてやりたい気持ちが保護者の中にわき起こってくるまで、ゆっくり関わってみてください。

● **受診の目安**
　このような対処をしばらく続けても症状が快方に向かわない場合や、食欲がないとか疲れやすい、体重が減る、痛み以外の症状が重なってくるといった場合は詳しい検査が必要かもしれません。大きい病院へ行くときは、かかりつけ医にもう一度相談して紹介状をもらうほうがよいことを伝えてください。

習いごとは、何をいつから始めるのがいい？
～アドバイスより、気持ちの整理を手伝う～

> **Q** [3歳　女児] 子どもはのびのび遊べるのが一番と思っていましたが、先輩ママの話を聞いていると、やはりある程度は皆さんに合わせて習いごとをさせておかないと差がついてしまうのではないか、あとで子どもがつらい思いをしたらかわいそうなどと思うようになりました。英語で遊びながら自立心や協調性も身に着くとか、野外活動でからだを鍛えると同時に生きる力と豊かな人間性をはぐくむとか、広告を見ているとどれも大事なことに思えてきて迷います。いくつも通わせるのは子どもの負担が大きいでしょうし、子どもに合った習いごとを選ぶにはどうすればよいでしょうか。

A そうですね。これだけたくさんの情報があふれる中で保護者の気持ちが揺れ動くのはとても自然なことだと思います。「『まだ早い』と思っているうちに大事なタイミングを逃している人が多い」などというセリフを目にすれば、乗り遅れてしまうような不安に襲われるかもしれませんし、それで子どもの将来の幸せが損なわれるようなことになれば、自分のせいだと責任を感じる方もいらっしゃるかもしれません。

早期教育の是非についてはたくさんの研究が行われていますが、その結果の多くは否定的なものです。そうした学術的な見解は客観的な判断をするための知識として必要ですが、**他の人と同じことをしておかないとなんとなく不安だと感じる保護者の気持ちの部分も、否定しないで丁寧に聴いてください。**

相談者は聴いてくれる人がいれば存分に話すことができ、話しながら気持ちを整理して、その人にふさわしい行動をご自身で選ぶことができます。

●言語能力に関する研究成果

　たとえば英語のＬとＲの発音の違いを聴き分ける能力が、赤ちゃんにはあるそうです。誰でもすべての言語を話す能力を持って生まれてくるのですが、周りの人が使っている言葉を聞いているうちに、自分が生きる環境で必要のない能力は失われ、生後10か月頃には聞き分けられなくなるようです。しかもDVDのような教材では、その能力を維持する効果がないこともわかりました。つまり早期教育でネイティブに近い英会話ができるようになったとしても、英語を話すことが必要な環境にずっといないと、その能力は失われてしまうのです。

　逆に大人になってからでも必要に迫られる環境にしばらくいれば、生活に支障がない程度の語学力が身につくことは誰でも知っています。また、日本に住む外国人の日本語の発音や文法が少々おかしくても、私たちは支障なくコミュニケーションをとることができます。言語は人が交流するための道具なのですから、**乳幼児期には親と一緒に広く異文化に触れて（映像や本などでも）、好奇心や興味・関心をかきたてられる体験や、気持ちを伝え合い共有する喜びなどをたくさん経験させることが将来の言語学習の基盤になる**のかもしれません。

●漠然とした願いを具体的なイメージに

　「みんな」が習っているのにうちの子だけできなかったら…。落ちこぼれ・いじめ・不登校などの問題が日々報道される中で、「差がつく」ことに保護者が不安を感じるのは仕方のないことです。実際にはしなくてよいこと、しないほうがよいことも多いのですが、しておかないと取り残されてしまうような不安を強く感じる方にはそうした情報は受け入れられないかもしれません。限られた時間と予算の中で何を選ぶかは相談者にしか決められないことなので、支援者はあまり意見を言わないで相談者の迷いの中身についていくよりありません。

　自立心や協調性、生きる力といった**抽象的な言葉は、たとえばどんな場面でどんなことができる子なのか、具体的な姿としてイメージすることが大事です。**

　子ども同士で遊びに行く計画を立て、意見が食い違っても話し合って解決しながら最終的には思いっきり楽しく遊んで泥んこになって帰ってくる…もしそ

んなイメージが語られたとしたら、それが習いごとで身に着くのか、習いごとでしか実現できないのか、考えてみていただくとよいでしょう。

●習いごとで得るもの、失うもの
　私たち大人は自立心や協調性、生きる力をどうやって身に着けてきたのでしょうか？　それはきっと、大人が決めたことを大人と一緒にやっていたときではなく、大人がいないところでいろいろやってみて、しくじって怖い思いをしたり、うまくいかなくて不安になったり、困った事態に直面して必死で解決策を考えたり、そんな体験を積み重ねて手に入れたのではないでしょうか。習いごとでは、そうした**大人がいないところでする体験ができません。**

　また発達には順序があって、生まれてから最初の2～3年は自分だけの世界で遊び込んでしっかりとした自我をつくる必要があります。それができてはじめて他者に関心が向くのですし、不安になったらいつでも逃げ込める安全基地（親などの見守り）があってこそ、「自分でやる」「他者と関わる」というチャレンジができるようになるのです。**こうした発達の段階を踏まないで、自立心や協調性を手に入れることはできません。**習いごとによって得られるものと失うものについて、相談者ご自身がじっくり考えられるとよいですね。

●やってみて、合わなかったら引き返す
　何がその子に合っているのか、最終的にはやってみなければわからないので、親の願いや子どもの興味、通いやすさや費用などを吟味して何かを選んだら、あとはやってみてから考えることになります。運よく大当たりのこともあるでしょうが、始めてみると予想外のことがあったり、体験コースでは興味がありそうだったのに始めたらすぐに飽きてしまったり、指導者と相性が悪かったり、いろいろ不都合なことが起こるかも知れません。やってみなければわからなかったことなのですから、合わないときは潔くやめる気持ちも必要だと思います。

泣く子と内緒で別れてはいけないの？
~抗議の中に、不安や痛みを読み取って~

Q 【2歳　女児】　4月から子どもを保育園に預けていますが、2週間たっても毎朝大泣きです。もともと後追いがひどく、病弱なこともあって預けたくはなかったのですが、家庭の事情でやむを得ず入園を決めました。今朝は保育士さんが抱いてなだめてくれたら泣きやんだので、そのまま見つからないように消えようとしたら、保育士さんが追いかけてきてわざわざバイバイをさせるんです。前よりさらにひどく泣いて咳こみ、吐いてしまいました。こっちが泣きたい気持ちで出勤しましたが、泣き声が耳に残って仕事にも身が入らず、こんなことがいつまで続くのかと気が重くなります。こんなに泣かせてまでバイバイをする必要があるのでしょうか？　心に深い傷が残ってしまうようなことになりませんか？

A 幼い子に泣かれるのは、本当につらいものです。預かる側には慣れた光景でも、保護者にとっては初めてのこと。親になるまでの歴史の中に一人ひとり様々な気持ちの体験をお持ちなので、同じ状況でも感じ方は人それぞれです。たとえばご自身につらい離別の体験があって、強い「見捨てられ不安」を抱えていらっしゃる場合、子どもの泣き声が呼び水になってご自身が離別を体験したときの感情がよみがえってしまう、といったことが起こることもあります。**どんな事情があるのか知る必要はありませんが、保護者は支援者の想像をはるかに超える大きな不安や痛みを感じているかもしれないという想像力を持って、丁寧に関わる**ように心がけたいと思います。

●保育者の気持ちをケアする

　質問されると、それに答えて説明をしたくなるかもしれません。支援者の側

に余裕がないと自分が責められたように感じて、その保育者の正当性を主張し保護者を説得しようとしてしまうこともあります。保護者は、子どもを吐くほど泣かせた保育士に攻撃的な気持ちを向けていますが、その根っこにあるのは「後追いがひどいのに」「病弱なのに」「預けたくないのに」家庭の事情で預ける自分（預けない選択ができなかった自分）を責める気持ちです。それがあるから離れたあとも気持ちを切り替えられず、職場でも自分を攻撃し続けているのでしょう。そんな状態で「内緒でいなくなってはいけない理由」や「きちんと別れたほうが傷が残らないこと」を説明しても、たぶん受け入れられないと思います。**相談者はすごく不安で、自分を攻撃して強い痛みを感じています。**自分で抱えきれない不安を支援者にぶつけているのですから、**支援者が攻撃されたように感じて反論してしまうと支援になりません。**

　これを避けるには、支援者が相談者の攻撃的な言動で傷つかないすべ（心の防弾チョッキ）を身に着ける必要があります。保育者だって、せっかく泣きやんだ子をまた泣かせるのはつらかったでしょう。その痛みに耐えて、「きちんと別れる」というこの親子にとってよりよい保育を提供できたのです。親が耐えられなかったその痛みに対処できるのが、プロのプロたるゆえんです。そうした自信と誇りは、何よりの防弾チョッキになるものと思います。

●相談者の気持ちを受け止める

　保護者と別れたあと、子どもは案外ケロリとして元気に遊んでいることも多く、それを伝えるだけで保護者が安心して、子どもが泣かなくなるケースはよくあります。ですが、人によっては一日中不安いっぱいで過ごした自分の気持ちが誰にも受け取ってもらえないくやしさやさびしさから、かえって荒れてしまうこともあります。それだけ不安が強い人、たぶんご自身が過去に深い傷を負っている人なのでしょう。

　支援者は、**保護者の気持ちを否定しないで受け入れ、そのことを言葉にして伝えることから始める**ほうが安全です。

　「2週間も毎日大泣きでは、おつらいでしょうね」「気づいたらまた泣くとわ

かっているから、そっといなくなりたいと思うのは自然な親心だと思います」
「子どもの心に深い傷が残るのではと心配になるのですね」

　おだやかにそういった言葉をかけることで、保護者の中に「わかってもらえた」という感じが生まれれば、あとは相手がつくる流れに乗っていくだけで大丈夫です。しばらく抗議の言葉が続いたとしても、相づちを打ちながら聴いていくといずれ「自分のことをもっとわかってほしい」「この人なら、わかってくれそう」という思いが前面に出てきて、自分の不安や痛みについて話したくなってくるものです。

　自分の気持ちを誰かに真剣に聴いてもらえた体験は、その人の中に思いがけないほど大きな力を引き出します。自分を信じる力、子どもを信じる力が十分にチャージできると、泣いてもバイバイしたほうがよいと思う保育者の考え方を聞き入れる余裕ができますので、体験談なども交えて説明するのもよいと思います。後追いや分離不安が強いのは、これまで泣かれるのが怖くて内緒で離れることを繰り返してきた結果かもしれません。保護者がそのことに気づくきっかけになれば、大成功です。

● NOを言うコツ

　保護者の気持ちを否定しないで聴き続けると言っても、理不尽な要求にはNOが言えないと困りますし、親子にとって不利益になる結論に流れて行くのも残念です。もし「担任を替えてほしい」とか、「それができないなら退園する」といった要求が出てきたら、「そうでもしないと気持ちが収まらないほど強く不安を感じていらっしゃるのですね」といった形で**相手の気持ちを認めたうえで、どうすることが子どもにとってよりよい選択なのか、一緒に考える方向に向かえると**よいですね。

　子どもに泣かれれば心が痛いのは、保護者も保育者も同じです。子どもに内緒で別れたい保護者も、それはよくないと思う保育者も、子どもによりよくと願うからこその行動なのです。保護者も保育者も思いは同じなのだということに気づけば、対立しないで話し合えるのではないでしょうか。

夫の実家に帰省したくない
～求められている役割を見きわめて～

Q [4歳 男児] 主人の実家ではお盆に親戚一同が集まるのが恒例で、今年も主人は帰省の準備を始めています。息子は内気で、去年はあちらのご両親に主人の姉たちの子と比較されて、とてもイヤな思いをしました。大きい子が夜遅くまでゲームをしていると息子も寝ないし、お菓子がいつもテーブルに出ていたり、食事時間が普段と全然違ったりと子どもにはよくないことばかり。バーベキューに虫採りなど楽しそうに計画を練る主人を見ながら、私は毎日ゆううつです。園だよりにも「休み中も普段の生活リズムを守って」と書かれていましたし、小さい子にはそんなアウトドア体験より近所の公園遊びのほうが大切なのではありませんか？

A 「郊外の自然体験と近所の公園遊び、どっちがいいの？」という**質問の答えを考える前に、相談者の気持ちを想像してみましょう**。夫の両親や義姉たちとの交流は相談者にとってはとても気が重いのに、嬉々として準備している夫…相談者の胸にはどんな感情がわき起こっているのでしょうか。

相談は気持ちのキャッチボールですから、**まずは相手が投げてきたボール（質問の後ろにある気持ち）を受け取る**ことです。たとえば

「ああ、Aさんにはいろいろ気がかりなことがあるのにね。こっちの身にもなってよって感じ？」

想像なのではずれる可能性もありますが、それならそれで「って言うか…～って感じがして」などと訂正してくれるはずですから、想像がはずれても相談者が聴いてほしい話に近づいていけます。もし図星なら、「そうなんですよ～」と、たまりにたまった不満が一気にあふれ出すかもしれません。

この方にとって、おそらくお盆に帰省しないという選択肢はない状況なので

しょうし、心の底では「行くっきゃない」と思っているのだけれど、「でも私はイヤなんだ！」という気持ちを誰かに聴いてほしくて相談されたのではないでしょうか。だとすれば相談者がイヤな気持ちを十分に話せるように、反論したり諭したりしないでただ聴き続ければ、相手は話しながら気持ちの整理がついて、「でもまあ、行くからには楽しまなくちゃね」などとご自身で結論を出し、スッキリするかもしれません。

●比較されて傷ついた心のケア
　去年の傷が思いのほか深くて、比較された言葉を何度も思い起こし、考えただけでからだが硬くなる、不安におそわれ呼吸が苦しくなる…そんなケースもあるかもしれません。
　一人ひとり違う歴史を生きてきたのですから、同じ状況でも受け止め方は一人ひとり違います。同じ勢いで飛んできた矢でも、軽くて丈夫な盾を持っていれば刺さらないように素早く防ぐことができますが、段ボールの盾ではザックリ刺さってしまうかもしれません。支援者にとっては「聞き流せばいい」と思えることであったとしても、**相談者はそうは思えないから苦しい**のです。相談者が感じているありのままの気持ちを否定しないで、丁寧に耳を傾けましょう。
　もしその相談者と継続的な関わりが持てる環境であれば、今後の「ケガ」を予防するために段ボールの盾をもっと丈夫なものにする働きかけを考えるのもよいと思います。少々のことでは傷つかない軽くて丈夫な盾とは、「自分を信じる力」のことです。傷つきやすい人は、子どもの頃に確固とした自己肯定感をはぐくむチャンスにあまり恵まれなかったのかもしれません。今からでも遅くないので、**その人が今できていることをご本人が認められるように、支援者は意識して言葉に出してください。**
　「普段どおりのよい生活を守ってあげたいと真剣に考えていらっしゃるのですね。子どもによりよくと一生懸命考えてくれるお母さんで、○○くんは幸せですね」

● 気持ちは伝えないと伝わらない

　相談の核心が、どうやら「私がこんなにつらいのに、全然気づかない夫への怒り」らしいとわかってきた場合はどうでしょう。

「あの人はいつだってそうなんですよ。どうしてわからないのって、アタマにくる！」

「ああ、わかってくれないから腹が立つんですね。Aさんがご主人にわかってほしい気持ちは何ですか？　どうしてかを知りたいのではないですよね」

　たとえば「夫が両親の肩を持つと、自分だけのけ者のように感じてさびしい」「姑にダメ出しされると、私はこの子をちゃんと育てられるのかとすごく不安になる」など、**怒りの後ろにある気持ちが出てきたら、「それをご主人に伝えてみるのはどうですか？」**と提案してみましょう。「言わなくても察してほしい」と思うのは、伝えない選択をしている自分をごまかすことです。

● 休日は特別の日でもいい

　子どもの生活リズムを守ることは大人の責任ですし、休日明けに体調を崩す子が多い実態を経験している保育者が、休みでも普段のリズムを乱さないでほしいと願うのは自然なことでしょう。それでも私は、休日には休日にしかできないことをしてほしいと思っています。遠くへ出かけるといったことだけでなく、保育園では決して出ないような（あまり好ましくない）おやつとか、夜の散歩とか、普段はできないことができる「特別な日」ってあってもいいと思うのです。いろいろな事情で窮屈になっている「日常」からの解放は、きっと心の健康を保つのに必要なことですし、幼い子どもだってそれは同じなのではないでしょうか。「休日でも園と同じリズムできちんと」はほどほどにして、休みには解放感を満喫したいものです。「今日はダラダラでもグズグズでもOK！」と思えるだけでもリラックス効果は大きいと思います。翌日、元の生活に戻るのに少々手間がかかったとしても、それと引き換えに得られるものの大きさには代えがたいと思うのですが、いかがでしょうか。

おもちゃの貸し借りができない
〜やさしくしてもらう体験をたくさんさせよう〜

Q　**[2歳　男児]**　1歳半頃からイヤイヤがはじまり、3歳近い今もおもちゃを抱え込んで他の子に貸すことができません。「小さい子にはやさしく」といくら言っても、近づいてくる子を払いのけたりします。思いやりのある子に育てるにはどうしたらよいですか？

A　「思いやり」について、私はよく「無い袖（そで）は振れない」ということわざを使ってお話しします。昔は着物の袖に財布を入れていたことから、金銭的な援助を頼まれたときや借金の返済を迫られたときなどに「無いお金は出しようがない」という意味で使う言葉ですが、思いやりの心も同じように、まずはたくさんもらって蓄えることが必要です。

●やさしさの「貯金」をつくってあげよう

　思いやりは、豊かな人間関係を築くために欠かせないものですが、他者に「思いを遣る（やさしい気持ちをあげる）」ためには自分の思いが満たされ、さらに余裕があることが必要です。自身の生活基盤を確保したうえで余剰の財産を持つ人が他者に資金援助を提供できるのと同じように、やさしさの貯金がたくさんある子が思いやりのある行動をとれるのです。

　子どもはどうやってやさしい気持ちを蓄えるのでしょうか？　生まれて間もない赤ちゃんは空腹や痛みなどの不快感を泣いて訴えます。それを受け止めやさしく対処してくれる人との関わりを心地よく感じ安心する体験が「うれしい」「楽しい」といった肯定的な感情の源泉になります。

　2〜3年もたつ頃にはたっぷりもらったやさしさの貯金ができてきます。大

人からあり余るやさしさをもらってこそ、他者にやさしくできる子になるのです。もらっていないものをあげることはできません。

●気持ちの名前を教え、子どもの自己理解をたすけよう

　犬を見つけてうれしそうな子に「あっ、ワンワンだね」と声をかけたとき、私たちはそれをワンワンという名で呼ぶことを教えると同時に「犬を見つけてうれしい気持ち」を共有する喜びを感じているのではないでしょうか？

　名前は、思いを他者と共有するために役立つ便利な道具です。そのものへの親しみを増し、理解を深めるきっかけにもなります。

　思いがけずその犬に吠えられて泣き出しそうな子に「びっくりした！　怖かったね」と言えば、子どもは今感じている気持ちに「びっくりする」「こわい」という名前があることを知ります。友達に押された、いきなりおもちゃを取られたなどの場面で同じ言葉を繰り返し聞くうちに、似た感情がわき起こったときにそれを言葉で表現して共感を得たり、わかってもらえる安心感を受け取ったりできるようになります。

　くやしさや怒り、悲しい、さびしいなども同様で、子どもが感じているそのときに適切な言葉を添えて共感してあげると、子どもは自分の気持ちをより深く明確に理解していきます。

●自己中心の３年間が、共感力を育てる

　新生児期は快と不快だけだった感情が、大人との温かい関わりを通して多彩な感情に分化し豊かになっていくと、自分の気持ちと照らし合わせて相手の気持ちを想像することができるようになります。

　おもちゃを取られてくやしい気持ちを何度も経験して、何度も「くやしいね」と認めてもらうことで自分の気持ちがわかり、「だから相手も、取られたらくやしいだろう」と思う共感性が育つ。ですから、**３歳頃までは自己中心でよい**のです。

　保護者は「ちゃんとしつけなければ」というあせりや他者の視線が気になっ

て、子どもらしいありのままの感情を頭ごなしに否定してしまうことがよくあります。支援者はそうならざるを得ない保護者の気持ちに寄り添いながら、子どもの中に自然にわきあがる感情を認めてあげることの大切さを伝えてください。

保護者自身が適切に愛してもらえない環境で育ち、やさしさの貯金が少ないために子どもにやさしくできないこともあります。支援者の思いやりのある関わりで、保護者の「やさしさ貯金」が増えるよう心がけてください。

●**思いやりの心を育てるには、思いやりのある方法で**

おもちゃを抱え込んでいる子に「お友達も使いたいんだよ、貸してあげなさい。お友達にはやさしくって、いつも言ってるでしょう！」と強い口調で言ったら、子どもはどう感じるでしょうか？

「相手の気持ちを考えてやさしくしなさい」と言う親自身が、わが子の気持ちを考えない「思いやりのない行動」をしていることに気づきましょう。やさしさをくれないで、あげなさいと言われたのでは勘定が合いません。

●**自分で折り合いをつける経験が貯金を増やす**

子どもは大人の「言うこと」は聞きませんが、大人が「すること」をまねして生き方を学習します。「今はまだ貸したくないんだね」と思いやりのある態度で接してくれれば、気持ちを受け止めてもらえる安心感や心地よさを感じ、大人が自分にしてくれたように友達にしてあげたくなる日が必ずやってきます。

させられるのではなく、自分で気持ちをコントロールして相手を優先できたとき、わき起こる感情はくやしさではなく誇らしさや満足感かもしれません。他者を思いやると、そうしたご褒美がついてくることがわかり、だからもっとやさしくしたくなり…好循環が生まれます。

とはいえ大人にも事情があり、強制的にがまんさせざるを得ないこともあります。泣き騒ぐ子を「どうしてわからないの！」と叱るかわりに、「すごくいやなのに、貸してくれてありがとう！」と思いやりのある言葉が言えたら、子どもの「やさしさ貯金」がぐっと増えます。ピンチをチャンスに！

子どものケンカに大人は口を出さない？
～暴力は制止し、心のケアを忘れずに～

> **Q** [4歳　男児] 保育園に迎えに行くと、息子が少し大きい子3人に囲まれていました。おもちゃを取り上げられても黙っているのをおもしろがって「バーカ」とか「こいつ、とろいな」「さっさと消えろ」など聞くにたえない暴言に、私が「やめなさい！」と言うと、それをおもしろがってさらにひどい捨てぜりふを吐いて離れて行きました。以前にも似たようなことがあって担任の先生に相談しましたが、暴力をふるうわけではないので子ども同士のケンカには立ち入らない方針とのことで、「○○くんももっと強くならないとね」と言われました。うちの子が弱虫だからやられるのはわかりますが、どうすればいいのかわかりません。家に帰って「どうして言い返さないの！」と叱り続けた自分も、イヤでたまりません。

A 悲しい光景ですね。どれほど心を痛められたことでしょう。弱いからやられる。やられるほうも悪いという誤った風潮には、憤りを感じます。

　子どものケンカに大人が口を出し過ぎると、子ども同士で解決する力が育たないのは事実でしょう。ちょっとした言い争いに、「あなたが悪い。謝りなさい」などと大人が介入するのは好ましくありません。ただ、それは大人が裁判官になって勝手に（大人の判断で）解決してはいけないということであって、一切介入するなということではありません。ケガをするような状況（たとえば危険な物を手に持つ、高い場所でもみ合うなど）は力ずくでも止めるべきですし、ひとりを複数で攻撃する、小さい子を大きい子がなじるなど力関係の差が大きいときも大人の介入は必要です。暴言も、ときには相手の心に取り返しがつかないほど重大な傷を残す暴力であることを、私たちは教えていかなければなりません。互いに権利や言い分を主張し合う言い争いと、ご質問にあるような相

手の人格を丸ごと否定する暴言とは全く別のものです。支援者は、プロとしてしっかり区別してください。

　危険な状況や暴力（言葉の暴力を含む）は取りあえず大人が間に入って回避しますが、そのあとで両者の気持ちを聞いて適切なケアをしてあげることが重要です。**事実関係の確認ではなく、今の気持ちに焦点を当てて丁寧に聴いてみましょう。**モヤモヤした思いを誰にも受け取ってもらえないまま表面的な終結に持ち込まれてしまうと、いつまでもイヤな気持ちが残って似たようなトラブルが繰り返されることになります。

●子どもの傷つきを受け止める

　もしあなたが、大柄で怖そうな人たちに理不尽な言葉の攻撃を受けたら、言い返しますか？　黙って嵐が過ぎ去るのを待つのは、弱くてダメなことでしょうか？　もし近くに信頼する大人がいたら、なんと言ってほしいでしょう。
　「怖かったね。もう大丈夫だよ」
　たとえばそんな言葉で、**子どもの気持ちを受け止め傷ついた心の手当てをしてあげるのが保育者の仕事**だと思います。素早く十分な手当てができれば、傷は大きな障害を残すことなく癒えていくでしょう。「言い返せないあなたが悪い。強くなれ」は、傷口を汚れた手でえぐるような行為です。化膿して後遺症を残すことになりかねません。

●保護者を承認する言葉かけ

　「強くなれ」と言われて強くなれるのなら苦労はありませんが、実際は逆なのです。それは「強くない子」「強くない子を育てた親」はダメであるというメッセージになり、言われた人はますます自信をなくしますから悪循環になります。今できていることに承認のメッセージを伝えて自己肯定感を高めてこそ、人は強くなれるのです。
　「お母さんが、『やめなさい！』と言ってお子さんを守ってあげられたのはとてもよかったと思います。ダメなことはダメと主張する、よいお手本になりま

したよね」

　相談者は「どうして言い返さないの！」と子どもを叱り続けた自分がイヤだとおっしゃっています。**その対応はよくないと気づいている**のですから、その点もほめられることです。叱り続けた「行為」は好ましくありませんが、それでつらくなっている「気持ち」は深いいたわりの心で受け止めてください。

　「叱りたくはないのに、叱る言葉が止まらなくなってしまったのですね」

　この方には、きっとそうならざるを得ない理由があったのです。攻撃したくない人を攻撃してしまうのは、八つ当たり。つまり本来ぶつけるべき相手にぶつけられない怒りが、別の対象に向かう「弱い者いじめ」の構造です。相談者自身が、かつて親などに認めてもらえなかったつらい気持ちを未解決のまま抱えているのかもしれません。それがどんなことなのか詮索する必要はありませんが、「きっと理由がある」と考える習慣をぜひ身に着けてください。攻撃的な親にも、やさしい気持ちで向き合えます。

●弱い者いじめをする子のケア

　暴言を吐いた子どもたちにも、同じように「弱い者いじめをせざるを得ない理由」があります。反撃できない強い者に対する怒りがたまっていて、はけ口が必要な状況にいるのでしょう。保育者は、行為は許されないこととして短い言葉で厳しく制止しますが、「悪い子」などと人格を丸ごと否定する表現は避け、**たまっているつらい気持ちをしっかり聴いて受け止めてください。弱い者いじめではないもっと安全な怒りの処理方法を教えてあげるのも一法です。**たとえば新聞紙で作った剣で戦闘ごっこ。段ボールなどに敵の絵を貼って、気が済むまで叩きのめすとか…乱暴な遊びは、見ている大人を不安にさせるかもしれません。そんなことをさせたら暴力を認めているみたいで、もっと乱暴になってしまいそうな気がしますから。認めているのは暴力ではなく、怒りをありのままに感じてよいことと、人を傷つけない方法でそれを発散してよいということです。わき上がった怒りをなかったことにしてため込むといつか爆発しますから、表出するように援助するほうがずっと安全です。

約束が守れない。体罰は必要？
～殴られてもよい人は、ひとりもいない～

Q [4歳　女児] 好奇心旺盛な子で、何にでも触りたがります。夫の実家に行ったとき、姑の化粧ポーチが気になってファスナーを開けたところを見つかり、「何してるの！」と手を叩かれました。私が「バーバの大事なものだから」と話して謝らせ、「もうしないでね。約束だよ」と言うと、娘は真剣な表情でうなずきました。でも１時間もしないうちにまた化粧品をいじり始め、私のしつけが甘いと怒られました。

家では危険なものは見えないところへ片づけていますが、「片づけるのではなく『他人のものには手を出さない』ということを今のうちにきっちりからだで覚えさせるべき。でないと将来問題を起こす子になる」と言われると、そうなのかなとも思います。言葉は理解できていると思うのですが、「しない」と約束してもまたやることが家でもよくあります。体罰も必要なのでしょうか？

A この手の約束は、大人でも守れないことがよくありますね。たとえば甘いものを控えるとか、運動をするとか。健康のためと頭では理解できるし、指導者の前で「がんばります」と言ったときにはそのつもりだったのだけれど、実際には心の欲求につき動かされてちっとも守れない。そんなとき、約束を守れないあなたを叩いて叱る人がいたら、あなたはどう感じるでしょうか？　あなたのためを思って、あなたを真剣に心配して、心を鬼にして叩いてくれたのですからありがたいこと？　愛のある体罰は必要、ですか？

４歳の女の子にとって、大人の化粧品はすごく魅力的なアイテムです。日頃は片づけられているのならなおのこと、目の前にあれば触ってみたい衝動にかられて手が伸びてしまうのはとても自然なことです。叩かれる筋合いはありません。もちろん他人のものや店頭の商品など、衝動にかられても勝手に触って

129

はいけないものがあることを繰り返し教える必要はありますが、教え続けていつか衝動を抑えられるようになるのを「待つ」のがしつけで、今できるようにしなくてもよいのです。幼児に大人並みの分別を求めるのは無茶ですし、今させないと将来できないなんて理屈は大間違いです。あなたも、子どもの頃できなかったことがいろいろできるようになっていますよね。

● **自宅と実家は別ルールでもよい**

とはいえお姑さんの考え方を変えていただくのはむずかしいので、ご実家にいる間はその家のルールに適応せざるを得ないと思います。相談者が「バーバの大事なものだから」と教えて謝まらせたのは、よい対応でした。叱られても触らないではいられないほど、その化粧品が魅力的だったという「気持ち」の部分は認めてあげてほしいこと、そのうえで、それでも他人の大事なものに触るという「行動」はしてはいけないということを何度でも繰り返し教えていけば将来問題を起こすようなことにはきっとならないことを伝えて、相談者の揺れる気持ちに寄り添ってください。

自宅ではこれまでとおり、触ってはいけないものは片づける方針で大丈夫。家によってルールが違っても子どもは案外かしこくて、それぞれの場に合わせた行動ができるようになります。家では騒いでもいいけれど、電車では静かにしなければいけないと教えるのと同じことです。

自宅で存分に化粧品に触れさせる方法もあります。親が使うときに「これはこういうもの」と説明しながら安全に配慮して触らせてあげれば、未知のものへの好奇心が満たされて、祖母の化粧品には関心がなくなるかもしれません。

● **体罰では、子どもをしつけられない**

現在の日本には、「言ってもわからないことはからだで覚えさせる」といった体罰肯定論を主張する人が少なくありません。「悪いことは悪いと毅然と叱らないから犯罪者が増える」とか「叩かれる痛みを知らない人間は、他人の痛みがわからない」とか、言われると思わず「ああ、そうなのか」と思ってしま

いそうな理屈を説く人も多いですし、「自分は叩かれたおかげで道を踏み外さずにすんだ。感謝している」とおっしゃる方も珍しくありません。真剣にしつけようと思ったら、ある程度の体罰は必要なのでしょうか？

　しつけとは、してはいけないこと（大人の身勝手な要求ではなく、社会のルールとして許されないこと）をしないように**自分で自分を律する力をつけること**です。言ってもわからないことを**体罰の恐怖心でやめさせることができたとしても、わかっていないのだから自律には向かわず、反発する気持ちを強める可能性が大きい**ですし、抑え込まれたくやしさや怒りが、叩く人がいないところで弱い者に向かって発散されるケースも大変多いのです。**自分の意に沿わない相手を暴力で従わせるという人間関係の取り方を、子どもに学習させてしまう恐れも大きくなります。**

　もちろん「厳しい体罰で目が覚め、立ち直れた」というケースもあります。体罰が恨みや怒りではなく、立ち直る気持ちをもたらすのはどんなときでしょうか？　体罰そのものが有効だったのではなく、「それほど真剣に自分と向き合ってくれた」という実感が、子どもを救ったのではないでしょうか。そうであれば、暴力以外の方法で真剣さを伝えるほうがずっと安全です(暴力で聴力や視力、ときには命さえ失うことがあります)。

　暴力は人のからだを傷つける以上に、深く心を傷つけます。いつも自分を責めて追い込んでしまう、自信がなく自己主張できない、なんとなく人間関係がうまくいかない、子どもをうまく愛せない、愛しているのに攻撃してしまう、などなどの「生きづらさ」を感じる方々の中には、かつて繰り返し暴力を受けた心の傷の後遺症を抱えていらっしゃる人が少なくありません。

　もし「私が悪かったのだから、殴られて当然」と思っている方がいらっしゃったら、「それでも私は、殴られてはならなかった」とご自身に言ってください。どんな理由があっても、この世の中に「殴られてもよい人」はひとりも存在しません。どの人も、大切にケアされなければならないのです。価値のない命は、ひとつもありません。

泣きやまない子にイライラする
～気持ちを認め、行動を止める～

Q [2ヵ月　女児] ひどく泣くので悩んでいます。母乳はよく出て体重も増えているのですが、泣きだすと止まらず、ご近所に響き渡るような声で泣き続けます。抱いてもそっくり返って私を拒絶するように激しく泣くのに、たまに来る母が抱くとすぐに泣きやむので私は嫌われているみたいです。母乳を飲みながら眠ってもベッドにおろせば泣くし、抱いて外を歩いたりしてやっと寝たと思っても、おろしたとたんにまた泣くし。どうして泣くのかわかってやれない私がダメなのに、泣き声を聞いているとイライラして、ひどいことをしてしまいそうな自分が怖くなります。

A 「よく相談してくれましたね」という気持ちで、静かに話を聴き続けてください。言うまでもなく、「母親になったのだから」といったお説教や励ましはNGです。最初にすることは、「ここまで大変でしたね」「よくがんばって育ててきましたね」そんな言葉で、**相談者をいたわりねぎらうこと**です。いろいろな**解説やアドバイスは、相談者が心にたまった思いを存分に話し、「わかってもらえた」と感じたあとでないと受け入れられません**。

　相談者の気持ちを聴きながら、支援者は自分自身の気持ちにも目を向けてください。「この人、虐待してしまうかもしれない。どうしよう」と動揺したり、「赤ちゃんは泣いて訴えるしかないのに、ひどい親」といった批判的な気持ちがわきあがったり、そんな自分に気づいた人もいるかもしれません。相談者の気持ちを想像するのと同時に、そういう自分の心の動きにも敏感になっていることが大事です。無意識だとコントロールできませんが、気づいていれば深呼吸するなどして冷静になれます。こうして相談する力がある人なのですから、あわてなくても大丈夫です。

●なぜ泣くのかは、わからなくてもいい

　育児書などにはいろいろ赤ちゃんが泣く理由が書いてありますが、思いつく対策はすべて試したけれど何をやってもダメ、ってことはよくあります。抱いているうちに泣きやむのなら、理由はわからないけれどそれで何か（おなかが張る・姿勢を変えたい・さびしい・不安・退屈など）が解決したのだろうと思えばよいですし、抱いて歩けば泣きやむのなら、それで安心したのでしょう（胎児の感覚に近いからという説もあります）。何をやってもダメなときは、ただ泣きたいだけなのかもしれません（赤ちゃんなりに思うようにならないストレスがあり、発散が必要という説もあります）。泣きたい欲求に応えるには、存分に泣かせてあげるのがベストで、無理に泣きやませなくていいのかもしれません。「そうかそうか、泣きたいのか。好きなだけお泣き」という気持ちでゆったり関わるほうが、泣きやむのは早いようです。

　相談者は、赤ちゃんに責めたてられるような気持ちで「泣きやませなければ」と必死のうえに、近所の人にどう思われるか、虐待と思われたらどうしようとか、病気や障害の兆候ではないかとか、いろいろな思いが頭の中を駆け巡っているのかもしれません。たまに来る祖母はそんなことはおかまいなしに悠然と抱くので、泣きやむのかもしれません。ママが嫌いなのでも、ママの抱き方が下手なのでもなく、**ママのほうが真剣で一生懸命だからこそ祖母のようにゆったりというわけにはいかない**のです。

　近所付き合いは苦手かもしれませんが、ゴミ出しのついでにでも思い切って話してみるのはどうでしょう。

　「ご迷惑をおかけしてすみません。いろいろやっても泣きやまなくて」

　たいていの人はママの味方で、応援する気持ちで見守っていてくれたことに気づく機会になると思います。

●どうしようもないときは、その場を離れる

　気持ちは受容しても、赤ちゃんを傷つける行動は止めなければなりません。泣きやまない赤ちゃんを激しく揺さぶったり、ベッドに叩きつけたりすると重

大な脳障害を起こし、命を失うこともあります。虐待する親の支援活動を精力的に展開している森田ゆりさんは、その予防対策として「ただ揺さぶらないでと言うだけでは防止につながりにくい」として、次の3つのキーワードをあげています。（2006.4.15朝日新聞）
・赤ちゃんは泣くもの（何をしても泣きやまないことはよくある）
・赤ちゃんが泣き続ければ誰でもいら立つ（あなたがダメな親なのではない）
・そんなときは誰かに助けを求めて、赤ちゃんから離れよう（泣き声を聞きながら冷静になることはむずかしい）

というものです。さらに「こんな時期はいずれ過ぎる」を付け加えてほしいとも言っています。当たり前のことなのですが、その渦中にいる保護者にはこの状態が永遠に続くような絶望感があるものだからです。

●感じてはいけない気持ちはない

「ジングルベル」を聞くとウキウキする人が多いかもしれませんが、強い疎外感を持った人なら、陽気に騒ぐ人に無性に腹が立って殴りたくなるかもしれません。同じ曲を聞いても、感じ方は一人ひとり違います。どんな理由があっても人を殴ってはいけませんが、殴りたくなる気持ちがわきあがる人がいてもおかしくはありません。**「そのように感じる自分」**が否定されることなく受容されると、攻撃的な気持ちが静まり、行動に移さずにすむことも多いものです。

同じように、赤ちゃんが激しく泣く声を聞いているうちにわき起こってくる感情は一人ひとり違います。わが子に「拒絶され、嫌われている」ような感じや、祖母が抱くと泣きやむという傷つき、泣く理由をわかってやれない自分を責める気持ちなどが矢のように刺さって心がボロボロになれば、自分に向かっていた攻撃的な気持ちが外へ向けて反転するのも、とてもよくある普通のことです。**支援者がそれを叱ってしまったら、相手はいっそうつらくなって攻撃的な気持ちは増すばかりです。**相談者のどんな気持ちも大切に受け止められる支援者であり続けたいと思います。

気持ちが言える子に育てたい
~親が気持ちを伝える言葉をたくさん使う~

> **Q** [6歳　男児]　内向的で、自己主張ができません。おもちゃを取られても、取り返すどころか怒りもしません。ドッジボールで、自分が取ったボールを黙って隣にいた子に渡してしまうのを見たこともあります。「Ａくんのほうが強いボールを投げられるから」と当たり前のように言うのを聞いて、ショックでした。発表会の劇でも欲張りじいさんの役をやっていて、理由を聞くと「やる人がいなかったから」とのこと。「イヤなことはイヤってちゃんと言わなきゃダメでしょう！」と言うと、「別にイヤじゃないもん」と平然としています。こんなことでは将来が心配です。どうしたら気持ちが言える子に育てられるでしょうか？

A　じれったいやら情けないやら、見ている保護者のご心労は理解できます。その気持ちを、共感を伝えながら丁寧に聴いてください。支援者がどのように関わると自分が存分に気持ちを話せるのか、相談者に体験していただいたあとで、子どもが気持ちを言えるようになるために親は何ができるか一緒に考えるとよいでしょう。

　ご質問にある場面でたとえば次のように言ったら、たいてい逆効果です。
　「どうして怒らないの？　くやしくないの？　取り返しなさい」
　「どうして自分で投げないの？　弱くても自分で投げればいいのに」
　「イヤって言わなきゃダメ」も同様ですが、**これらの言葉には「今のあなたを認めない（自己主張できないあなたはダメ）」という暗黙のメッセージが含まれている**感じがします。大人は励ますつもりでも、子どもは言われれば言われるほど自己否定を強め、自信がないからいっそう自己主張できないという悪循環になることが多いように思います。

子どもの幸せを願うからこそ、思わずこうしたセリフが口をついて出てしまうのは親の心情としてはとても自然なことです。相談者は、「私の育て方はダメなの？」と不安なのかもしれません。**まずは相談者が、そうした現実を支援者にありのままに認められる安心感（私はダメじゃない。私は私のままでいい）を体験することが大切**です。それを手がかりにして、相談者が今あるがままの子どもの姿を肯定的に受け止められるようになるとよいですね。

●大人が、気持ちを表す言葉を使う

　子どもは新しい能力を身に着けると、それをさかんに使いたがりますね。新しい言葉を覚えるとそればかり言ったり、機械の操作を覚えると何度でも同じ操作を繰り返したり。大人の言うことは聞かなくても、大人がすることをまねして学習します。ですから**「気持ちが言える子」になってほしければ、まず大人が気持ちを伝える話し方をたくさんして、さりげなく見本になる**のが一番です（「さりげなく」が大事です。「させようとしている」と察した瞬間、やりたくなくなるのが子ども心ですから）。

　ためしに、相談者ご自身は気持ちを表す言葉をどのくらい使っているか伺ってみましょう。うれしい・楽しいといった気持ちはまだしも、悲しい・くやしい・さびしい・うらやましい・ねたましい・腹立たしい・怖いといった気持ちは、案外表現していないことが多いのではないでしょうか。先程の例で言うと「どうして怒らないの？　くやしくないの？」は、自分の気持ちを表現する代わりに子どもを責めている感じがします。「取られても怒らない○○ちゃんを見ていて、ママはくやしくなっちゃった」と言ってみたら、どんな感じがするでしょうか？

　これなら「くやしかったらくやしい気持ちを表現してよい」というお手本になります。慣れるまでちょっと抵抗がある方もいらっしゃるかもしれませんが、親ができないこと・していないことを子どもにだけさせようとするのはルール違反（思春期の頃、ご自身もそう思ったはずですね）。子どもに求める前にまずは自分が、気持ちを言う練習をしましょう。

子どもの様子を見ながら、「悲しいね」「怖いの？」などと今子どもが感じている気持ちを想像して言葉にしてあげるのもよい方法です。赤ちゃんと一緒に車を見て、「ブーブきたね」と言ったのと同じで、今胸にある感情を「悲しい」「怖い」などの言葉で表現できることや、表現することでその感情を他者と共有できることを学習する機会になります。

●子どもが表現した気持ちは大切に扱う
　私たちが気持ちを率直に表現しないことが多いのは、「感じたままに表現すると怒られる」という体験を繰り返した結果の思い込みなのかもしれません。相手を傷つけないように遠まわしに言ったり、言わないことにして不満をためたりして、かえって相手を傷つけてしまうこともあります。相手を責めないで、自分の気持ちを率直に伝える表現の方法をアサーションと言いますが、その基盤にあるのは「自分の気持ちも相手の気持ちも、大切に扱う」ということです。
　ご質問の場面で「別にイヤじゃないもん」と言われたとき、「そんなはずはない。そんなふうに思っちゃダメ」と感じたとしたら、子どもの気持ちを無視していることになります。**傷ついて怒っているのは親自身なので、**「そうか、イヤじゃなかったんだ。ママは、イヤな役をさせられてるのかと思ってちょっとつらかったんだけど」と、**自分の気持ちを言うとよい**ですね。もし本当はイヤだったのなら、親がわかってくれたと思うだけで安心するし、本当にイヤではなかったのなら、その真意（たとえば「やる人がいなくて困っている先生を助けられた誇らしい気持ち」とか）を聴いて、わが子の素晴らしさに感激するチャンスかもしれません。お子さんを抱きしめて「ママ、うれしい！」と言えば、彼の自己肯定力は急上昇。**自分を信じる力が、言うべき場面で毅然とNOを言える力になります。**
　気持ちを伝えること、気持ちを聴くことは、トレーニングを受けた支援者でもなかなかうまくいかないむずかしい課題です。保護者が、すぐにはうまくできなくても大丈夫。さりげなく心がけていれば、いつのまにか成果は出てくるものです。

COLUMN 2

イヤイヤがないと、心配？

「うちの子はおもちゃを取られても怒らないんですが…」
イヤイヤ期の話は、どうしても激しい自己主張でお困りの親御さんに「大丈夫」というメッセージをお伝えする方向になるので、終わったあとによくそんな質問を受けます。

　2歳前で「まだ、これからかな」と思うケースも多いのですが、性格的に物への執着が強くない子もいるようです。朝から晩まで奪い合うきょうだいがいる場合、小さくてもたくましく張り合うケースもありますが、逆にあきらめがよく気分転換が早い子もいます。

　子どもの気持ちが親からおおらかに認められる環境なら反発することも少ないでしょうし、心が満たされていれば貸し借りやがまんも自然にできます。大人の力でがまんさせすぎているのでなければ、心配はいりません。

　親が「貸してあげなさい」「取っちゃダメ」と言いすぎた結果として「イヤ」という感情を出さなくなっているのなら、取り合いになったときに子どもの気持ちを想像して代弁する（気持ちをありのままに認める）方向へ軌道修正しましょう。気づけば、いつからでも修正できます。

第4章

保護者向け講座の実践

I. 保護者向け講座の目的と内容
～なんのために、何をどのように伝えるか～

　私は多くの子育て支援施設やつどいの広場などで保護者向けの講座を行っています。その際気をつけていることや、提供する素材とその使い方などをご紹介します。

　特別に外部講師を呼ばなくても日々の支援活動の中に折り込んで使えるように、［補足説明］として「私はこんなふうに話す」という具体的な会話やたとえ話なども挿入しました。一例として参考にしながら、それぞれの支援者の思いや体験などを駆使して独自の肉付けで展開していただければ、それが一番よいと思います。

1．「支援する（指導しない）」という使命を忘れない

　子育て支援の現場で保護者向けの講座・講話を企画するとき、その内容は言うまでもなく支援でなければなりません。保護者はすでに健診会場や医療機関などで多くの指導を受けています。支援施設の講座は、そうした指導の場では対応しきれない支援の役割を担うものだと思います（支援と指導の違いについては、第1章 p.16～17参照）。

　自信がなく傷つきやすい、家事や育児のスキルが未熟、不安が強く、自分を責め相手を責める思考パターンから抜け出せない等々、様々な現実を抱える保護者一人ひとりの気持ちを支えることが支援施設の使命なのですから、そこで行われる講座もその趣旨に沿った内容であることが求められます。

2．心の発達をからだの発達にたとえる

　保護者からのご相談をうかがっていると、他の子の気持ちを察してゆずれるとか、状況を判断してがまんするとか大人の都合を理解してスケジュールに合わせた気持ちの切り替えができるとか、そういった「心の発達を待てばいずれ

できるようになること」を「将来のために、今できるようにさせなければならない」と思い込んでいるのではないかと感じることがあります。多くの保護者が幼児に大人並みの分別を求めて「できない」と悩み、できるようにしつけられない自分にダメ出しをしていら立っているように見えます。

1歳児が両手をあげてバランスを取りながらヨチヨチ歩く姿を見て、「正しい歩き方を教えないと将来困る」とは思わないでしょう。運動機能の発達は目に見えるので、いずれできると思えるから「いくら言ってもできない」と悩むこともありません。

ハイハイできるようになった子が親を求めて後追いしたり、おもしろそうなものを見つけて突進したりするエネルギーは大変なもので、「這ってはダメ」と言っても止まりません。危ないものを片づけたり、トイレにも抱いて行かざるを得なかったりと、面倒くさいけれど発達の姿を喜び、「這ってはダメ」と言うこともないと思います。同じようにイヤイヤ期のつたない自己主張に付き合うのはとても大変だけれど、「心の自立（ヨチヨチ歩き）が始まった」ととらえれば成長の姿として喜ばしく思え、「わがままはダメ」と言わなくてよいことに気づきます。

食べる、寝る、排泄する、他者と関わるなど、保護者の心配ごとの多くが心の発達の視点をもつことで解決に向かいます。ハイハイや歩行と同じように「できないことは、まだできるようになっていないこと（できるようになったときにする）」「やりつくせば自分で次の段階に進む。今は、今やりたいことを存分にさせてあげればいい」と思えれば、「環境を整えて、そのときを待つ」心の余裕ができます。

3．保護者の感情体験と照らし合わせて、子どもの気持ちを感じてもらう

「こんこんと言い聞かせてもやめない」「言葉は理解できていると思う。わかっているのにしないのでイライラする」といったお悩みもよくうかがいます。頭でわかることと、気持ちを制御して状況に応じた行動を選択できることの間には高いハードルがあることに気づいて「わかればできるは

ず」という思い込みから抜け出すためには、保護者自身の体験と照らし合わせて子どもの感情を想像していただくのが効果的です。

　多くの保護者が「がみがみ言いすぎないほうがよい」と頭でわかっていても、感情がたかぶると子どもを否定し、攻撃的になるのを止められないことを体験しています。わかっているのにできない自分を責める心の痛みに気づき、そんな自分を自ら認めることができると、子どもの気持ちも認められるようになります。子ども同士のケンカの話なら「夫婦ゲンカだったら？」と保護者自身の体験を聞いてみると、「よい・悪い」の基準では割り切れない感情のわだかまりがあることや、あやまることのむずかしさに気づきます。

II. 保護者向け講座（ワーク）実践事例

1.「つい叱りすぎて後悔する私」からの卒業

Worksheet
p.154-155

[目的]

　子育てが思うようにいかず、「怒鳴り散らしては寝顔を見て後悔するけれど、翌日には同じことの繰り返しで落ち込む」といった声は、支援の現場でとてもよく耳にする切実なSOSです。「自分を責めるから子どもへの攻撃的な言動が止まらない」という悪循環がエスカレートすると、体罰や虐待に至る恐れもあります。自分の気持ちを感じとり、そのように感じる自分がありのままに認められる安心感を体験することで、子どもへの攻撃的な行動が減ることを目指すワークです。5～10人程度のグループで行います。

[所要時間]

　30分～1時間程度。

　託児をつけ、じっくり自分と向き合う時間を確保して行います。

[講座のはじめに]

● **守秘義務の確認をする**

　「安心して自分の気持ちと向き合うために、ここで話したこと・聞いたことはこの部屋から外へ持ち出さない約束をしましょう」

● **呼吸に意識を集中して、自分の内側にアンテナを向ける**

　ゆっくり吸って、静かに長く吐く（心にたまったもやもやを息にのせて一緒に吐き出すイメージで）。

　吐ききると、自然に空気が入ってくる（エネルギーを取り込むイメージで息を吸う）。

143

［進行］
（1） 「気持ち探し」のワークシート（p.154～155）を配る。
（2） 叱りすぎて後悔した場面を思い起こし、自分の中にどんな感情・感覚があるか感じてみる。
（3） 感じたことを言葉にして、グループで伝え合う。
（4） 叱ることで自分が傷ついている（自分で自分を攻撃している）ことに気づく。
（5） ワークシートを見ながら、自分の心が痛くなる原因である「言うことを聞かない子」に怒りがわき、攻撃的になる（強く叱る）ため、悪循環になり、それがエスカレートしやすいことを確認する。
（6） この悪循環を止める方法を一緒に考える。
（7） 子どもが変わることを求めるのではなく、自分が変わることを考える。
（8） どのように感じる自分もありのままに認めてよいことに気づく。
（9） 自分にやさしくなれそうか、自由に話してもらう。
（10） 自分のいいところ、がんばっていることをグループ内で伝え合い、承認のメッセージを受け取る。

［補足説明］
(3)について

　はじめは「余裕がなかった」「そこまで言わなくてもよかった」「子どもは悪くないのに」など、自分の感情・感覚ではなく自分なりの考えや判断を話す人が多いかもしれません。

　「アンテナを内側に向けて…そう言いながらどんな気持ち？」「そう考えると、心の中にはどんな感じがある？」などの言葉かけで、気持ちを感じる方向へ促します。

- うまくできない自分への怒り
- 周囲からの非難の視線、無言の圧力への恐怖
- 理不尽に子どもを傷つけてしまった自分を責める気持ち
- 「ちゃんと育てられないダメな私」を人に見られる動揺、あせり
- ばかにされている感じで腹立たしい
- 負けるわけにはいかない、なめられてたまるかと張り合う感じ

といった思いが語られたら、そのまま受け止め、グループメンバーとの共有をすすめます。

こうした気持ちがなかなか出ないようなら無理せず、「たとえば…」と上記のいくつかを言って、呼び水にしてもよいでしょう。

(4)(5)について

「叱りすぎたと後悔しているとき、実は結構自分が傷ついていませんか？」「『悪い親』『ダメな親』と自分を攻撃して、自分の心が痛くてたまらないから、私をこんな痛い目にあわせる子どもに腹が立つ…のかな？」などと気づきをサポートして、「そう感じるのは、とても自然なこと」と承認を伝えます。

(6)について

参加者がワークシートを見ながら、次のような思考過程をたどれるように、進行役の支援者がサポートします。
- 子どもが素直に言うことを聞けば叱らなくてすみ、自分がイヤな気持ちにならない ので
- 言うことを聞かない子に怒りがわき、強引にやめさせたくなる けど
- 子どもは「なんでも試してみたい」「自分で決めて自分でしたい」という意欲（自ら発達するエネルギー）に満ちあふれ、大人の言うことは聞かない。自立

の欲求が強いので、指図や命令に従わないことにこだわる時期　なので
⇒ 悪循環の輪を「原因をつくる子ども」のところで切ることはできない。

　保護者の多くは「適切なほめ方・叱り方」の知識は持っていて、そうすればいいことはわかっているのにできない自分を責めています。これは、「子どもが言うことを聞く上手な叱り方」を学んでも、この悪循環が止まらないということに気づいていただく作業です。

(7)について
　「子どものところで悪循環の輪を切れないとしたら、どこで切ればいいでしょう？」と投げかけ、自分が変わる（「いやな気持ち」のところで悪循環を止める）ことに意識を向けます。

(8)について
　解決の糸口は「自然にわきあがる感情をそのまま認め、そう感じる自分を責めるのをやめる」ことです。
　「遅れないように出かけたいのに（または所定の時間にお風呂に入れたいのに、寝かせたいのに）子どもが言うことを聞かないとイライラする」
　「余裕がないと、ささいなことが許せず怒ってしまう」
　「人目が気になり、内心叱らなくてよいことと思いながら叱ってしまう」
　どれも、人としてとても自然な心の反応です。

　「そのように感じる自分は、ダメですか？」
　時間の制約の中で社会生活を営んでいる大人にとっては、ほどほどに相手に合わせることも良好な人間関係を維持するために必要なスキルです。
　イライラする自分も人目が気になる自分もOK。感じてはいけない気持ちはありません。
　疲れたらできあいの食材を使ったり掃除をさぼったり、子どもを預けたりで

きるのも、心の余裕を保つためにきっと大事なことです。
　あなたの心とからだが壊れてしまうのが一番困ることなのですから、壊れないように自分を守ることができることこそが親の果たすべき一番の責任…そんなメッセージが伝えられるとよいと思います。

(9)について

　自分にやさしくするのがむずかしい感じがする人は、成長の過程で身に着けたブレーキ（たとえばいつも自分の気持ちをないがしろにして、相手を優先する思考のクセ）があるのかもしれません。
　「子どものときには、親に認められ世話をしてもらうためにそうせざるを得なかった」のであり、そういう自分も「長いこと自分を守ってくれた大事な私の一部分」なので、そのことを認め、無理に変わろうとしなくてよいことを伝えてください（気づいたことで、変化への一歩は踏み出しています）。
　気づいたことで心がざわざわしたりつらくなったりしたときは、支援者がいつでも話を聴くことを伝えておくことも必要でしょう。

2. イヤイヤとほどよく付き合う
　心のひとり立ち応援談

Worksheet p.156-167

[目的]

　子育てひろばやサロン、児童館のような親子がともに過ごす場では、子ども同士のトラブルにそれぞれの保護者が介入する場面やかんしゃくをめぐる親子バトルなど、支援者の目には「気になる」ことがしばしば起こります。その場では口をはさみがたいことが多いので、講話の形で扱いにくい時期の子どもとのほどよい関わり方を考える機会があるとよいと思います。そこにつどう方々の間で新たな「子育て観」が共有され、ママ友達に広がっていくことで「他の親の視線」が気になるために起こる過干渉や叱りすぎが減ることも期待できます。

　日常的なひろば活動や保護者会などの機会に、短いメッセージをシリーズでお伝えすることを想定した資料です。

[所要時間]

　全12回の連続講座で、講話の形なら各回15~20分程度。
　交流をかねた「談話室」形式なら1回1時間でも。

[準備]

　メッセージカード「イヤイヤと付き合う　心のひとり立ち応援談」①~⑫（p.156~167）を用意する。

[進め方]

　それぞれの施設の状況によって、メッセージカードを自在に工夫して使用してください。

[メッセージカードの補足説明]

①について

「床や壁に頭を打ちつける」といった自傷行為の相談を時々受けますが、「ハイハイを禁じて歩くように求められ、『どうしてできないの』と繰り返し言われたらストレスがたまりそう」と想像できると、この時期の子どもらしい自己主張を認めない関わり方がストレスになることに気づくと思います。

母親が夫にわかってもらえないイライラを抱えて、子どもに八つ当たりしているケースもよくあります。

気になる保護者への個別対応にも活用できるかもしれません。

②について

「お子さんが、どんな子になってほしいと思っていますか？」と投げかけて「してほしいこと」を言ってもらい、「それを、親がわが子にしてあげると、子どもは自分がしてもらったように人にしてあげられるようになります」と伝えます。

⑤について

自分がカァーッとなったとき、「そんなことでカッカしないで」とか「お茶でも飲んで落ち着いたら」とか、とやかく言われるといっそう興奮して「ほっといてよ！」と思ったことがあるのでは？　とご自身の体験を思い出していただくと納得できるようです。

自分が感情的になってコントロールがきかなくなったら、少しの間別室に閉じこもってクールダウンするのも悪くないと思います（子どもの安全に配慮は必要ですが）。

⑥について

ティッシュを次々引っ張り出すなど、実際にダメと言っても何度もするので困っていることを挙げていただいて、本当にダメなのかどうか話し合って

みましょう。

　「注意しないと、してもよいと思ってしまう」とお考えの方が多いと思いますが、この発達段階の子どもが「行儀が悪い」「もったいない」「迷惑」「不衛生」などの概念を理解することはできません。

　取り出したティッシュはたたんで別の箱にしまって使えばもったいなくないし、お行儀のしつけは、見られることを意識して自分の振る舞いに関心が出てくる年齢になってからで十分間に合います。大人が配慮しながら、今は「子どもが興味を持ったことを存分にさせる」のが基本です。

　食べ物を投げるのは、食事場面にストレスがあるケースもあります。一緒に食べる人がいて、楽しい会話があるか、自分で食べたい気持ちが尊重されているかなど、たずねてみることも必要かもしれません。

⑦について

　親が自宅で仕事に追われていたり、下の子が生まれたとき、病気や障害があるきょうだいがいる場合などに「こっち見て信号」が見られることがあります。

　親が自責感や罪悪感を持つとかえって問題がこじれやすいので、改善を求めて指導するのではなく、気づけたことに承認を伝え、そうならざるを得なかった事情に配慮しながら気持ちに寄り添ってください。

⑩について

　もし自分が、何か好きなことをはじめて気分が乗っているところに夫が寄ってきて、「おもしろそうだね、ちょっと貸して」と手を伸ばしてきたらどう感じるでしょう？

　渋っていると「貸してあげればいいじゃない。減るものじゃなし」なんて誰かに言われたら、ますます貸したくなくなるのではないでしょうか。

⑪について

　「どんな気持ちも感じたままに認める。しつけるのは行動だけ」という大原

則は、これまでに繰り返しお話ししてきました。おさらいのつもりで、思い起こしていただくのもよいと思います。

　たとえばわが子が、小さい子にブロックの作品を壊されて激怒しているとき…「(相手の子に)ごめんね、大丈夫？　(わが子に)一生懸命作ったのを壊されて、すごくイヤだったね。でも、叩くのは絶対ダメ。お友達は痛かったのよ」

　2歳の発達段階では、まだ相手の気持ちを察することはむずかしいのでピンと来ないかもしれません。「言い続けていつかわかればいい（今はわからなくていい）」というつもりで伝えたらどうでしょう。100分の1、200分の1のしつけを積み重ねるイメージができると、「いくら言っても聞かない」という保護者のいら立ちや無力感が軽減できる（「私はするべきことをした」と思える）ようです。

⑫について

　親が気持ちを表す言葉を意識してたくさん使っていると、子どもも同じように気持ちを言葉で表現するようになります。

　「子どもの前でも夫婦ゲンカをしてしまう」というご相談もよくありますが、「攻撃しないで気持ちを率直に伝え合えば、意見が異なっていても折り合える」というお手本を見せる絶好の機会。ご両親がそう思えたら、いろいろなことがいい方向へ動き出すように思います。

3. 発達の視点を大切にしたオムツはずし

Worksheet p.168-171

[目的]

　排泄の自立への道のりは大人が想像するよりはるかに複雑で、腎臓の働きや膀胱の大きさ、ホルモンや脳神経系による調節などたくさんの機能の発達を伴って完成していくものです。トイレトレーニングという言葉のイメージから、訓練すればいつでもできるように思っている保護者も多いのですが、ちょうど心の自立がはじまって「指図・命令には従わないことにこだわる時期」に重なることもあり、子どもは理不尽に叱られ、親は叱ってしまう自分を責めて疲れ果てているといったケースによく出会います。「発達だから個人差がある」「個人差は優劣ではない」を出発点に、「子どもの心とからだのサインを見きわめながら進めるオムツはずし」を提案する講座です。

[所要時間]

　親子同室で、資料を読み合わせる形式なら1時間程度。

[準備]

　資料（p.168〜p.171）を用意する。

[進め方]

　時間に余裕があれば、実際に困っていることなどを話していただきながら進めるとよいですが、講座に参加できず資料をもらって読んだだけの人からも「目からうろこ」「肩の力が抜けた」といった反響があります。資料の使い方は、施設の事情に応じて工夫してください。

[「気持ち探し」のワークシート]

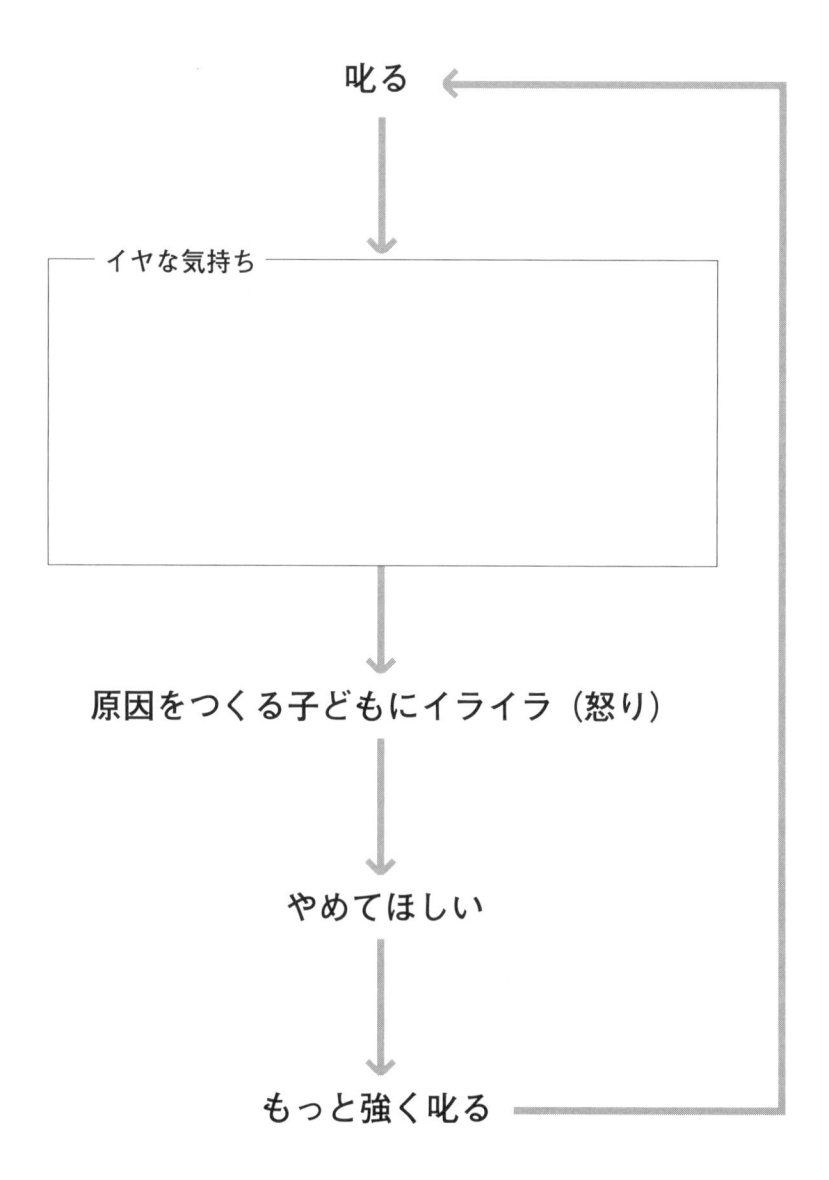

叱る
↓
イヤな気持ち

↓
原因をつくる子どもにイライラ（怒り）
↓
やめてほしい
↓
もっと強く叱る

Work sheet

◎ありのままの自分の気持ちを感じ取り、認める言葉を言おう。感じてはいけない気持ちはない。
親にも事情があり、他の親などとの人間関係を良好に保ったり、傷つかないように自分を守ったりすることは、もちろん大事なこと。
自分の気持ちを大事にしないと、子どもの気持ちを大事にしてあげられない。

◎自分のありのままの気持ちがわかり、それを率直に表現できる子に育てるために、まずはあなたが、自分のありのままの気持ちがわかり、それを率直に表現できる親になろう。そのために、自分の気持ちを誰かに話して、受け止めてもらおう。そして感じたままの気持ちを、言葉で伝えてみよう!!

イヤイヤと付き合う
心のひとり立ち応援談①

3歳頃までは自己中心がとっても大事

2ヵ月頃、赤ちゃんは笑うと大人が反応してくれることを経験して、表情やしぐさで**気持ちのやり取りをする喜びに気づきます。**
そして「うれしいね」「イヤだったね」などと**大人が繰り返し共感してくれる**ことで、**自分が感じている気持ちをより豊かに理解**していきます。

自分の気持ちがわかってくると、それと**照らし合わせて相手の気持ちを想像**できるようになります。

3歳頃までは、自分の気持ちがわかるために必要な時間。

「今はまだ貸せないんだね」「邪魔されるかと思ってびっくりしたの?」などと**感じたままに認めてあげる**ことが何より大事です。
わかってもらえないことが多すぎると、攻撃的になることもよくあります。

1~2歳の自己中心の行動を叱って、相手の気持ちを察するように言い聞かせても無理。8ヵ月の子にハイハイを禁じて歩くように言い聞かせても、歩けないのと同じです。

> ❝ 心も、たくさんの**感情体験を積んで**
> 少しずつ発達していきます ❞

Work sheet

イヤイヤと付き合う
心のひとり立ち応援談 ②

「なんでも反対」は心の独立宣言

1歳半から2歳頃、心のひとり立ちがはじまります。
「なんでも自分で決めて自分でしたい」という意欲に満ちあふれ、大人に指図されると「イヤ」と言わないではいられません。させられることは大嫌い。

コントロールがきかなくなった感じで親が不安になり、なんとかコントロールしようとすればするほど子どもは強く反発します。ご自身も思春期の頃、経験した気持ちかもしれませんね。

子どもは、大人の「言うこと」は聞きません。
でも大人のようになりたい気持ちはいっぱいあるので、大人が「**すること**」をしようとします。
離乳食を食べさせてもらっていた子が、親や人形に食べさせようとする姿は、役割を交替して親の立場に立ってみる大事な成長のステップです。

子どもにしてほしいことは、子どもにしてあげるのが一番。
子どもは、**親が自分にしたようにして**　大人への階段をのぼっていきます。
親がわが子の気持ちを大切にしてあげれば、子どもは人の気持ちを大切にできる人になります。

気持ちを「大切にする」ことは、言いなりになることではありません。その話は、またのちほど。

イヤイヤと付き合う
心のひとり立ち応援談 ③

気持ちと行動を分けよう 〜感じてはいけない気持ちはない〜

人が持っているものがほしい、自分が遊びこんでいる世界を邪魔されたくない、危ないとか時間がないとか言われてももっとやりたい・やめたくない…

気持ちは自然にわきあがるものですから**感じたままに認めてあげる**ことが、自己理解から他者理解へとつながる原点です。感じてはいけない気持ちはありません。

「思うこと」と「すること」は違います。
気持ちを認めることが、行動を認めることにはなりません。

妹に邪魔されてイヤだったんだね。
あなたが怒るのは無理もないけど、叩いてはダメ。

楽しいからもっともっと遊びたいね。
でも、時間だから今日はここまで。

子どもが泣いて抵抗したとしても、大事なことを教えているのですからあなたが悪いわけではありません。予防注射のとき、泣かれても抱え込んでがまんさせ、終わったら「ああ、イヤだったイヤだった。がんばったね」と気持ちをケアしてあげればいいのと同じです。

Work sheet

イヤイヤと付き合う
心のひとり立ち応援談 ④

気持ちと行動を分けよう 〜しつけるのは行動だけ〜

しつけは、子どもの中に「許される**行動の枠**（いわば牧場の柵）」をつくってあげる作業です。
子ども同士のトラブルをはじめ、車道に飛び出すとか電車の中を走るなど、危険なことや社会のルールとして許されないこともいろいろありますが、柵が見えていればその内側（牧場）で安心して生活できます。

ほしい気持ちもしたい気持ちも感じたままに認めながら、「**ほしくても、手に入らないモノがある**」「**したくてもできないコトやトキがある**」ということを教えるのは、大人の責任です。
大人が示す境界線（牧場の柵）に何度もぶつかりながら、自由にのびのびできる領域（牧場）を子どもが自力で体得していく作業に根気よく付き合ってください。

好奇心と意欲にあふれた子どもが危険を適切に判断して身を守ったり、自分の欲求と折り合いをつけてがまんしたりゆずり合ったりできるようになるにはとても時間がかかるので、当面は「**ダメなものはダメ（理屈抜き）**」も必要です。

思いが高揚しているときに「ダメ」と水をさされれば、子どもは泣き騒ぐかもしれません。その対処法は次回。

159

イヤイヤと付き合う
心のひとり立ち応援談 ⑤

泣いたっていい

自分や他者を傷つける危険なことや社会のルールとして許されないことは、理屈抜きでダメ。
子どもは泣き叫んであばれるかもしれません。
当然の反応なのですから、**泣きたい気持ちを認めて見守れると**よいですね。

「気がすむまで泣かせてあげる」のもよいですし、できない状況なら、「力づくで抱えこんで止める」手もあります。

気持ちの整理（クールダウン）は人から言われてできるものではないので、自力で落ち着くまで**何も言わない**で待ってあげてください。

泣きやんだらほめるのがコツ。「がまんできたね」「わかったね。うれしいよ」などと認めてもらう経験を積むと、だんだん泣かずに気持ちの整理ができるようになります。
抱え込んだ場合でも、黙っておさえ続けると大人の力にはかなわないとあきらめたところでフッと力が抜けますから、そこでがまんしたことをほめます。

ダメなことが多いと親も子も疲れます。家族で話し合って「絶対ダメなこと」を決めておくと、それ以外は叱らなくてよくなるのでラクです。決め方は次回以降に。

イヤイヤと付き合う
心のひとり立ち応援談 ⑥

ダメなことって、なんだろう

車道に飛び出す、硬いものを振りかざして怒る、高い所でもみ合うなどは迷う余地なくダメですが、すべり台を下からのぼる、電気コードをコンセントにさす、食べ物を投げる…あたりになると人によって状況によって、判断が違いそうです。

子どもが興味を持ったことにチャレンジしたり、
いろいろ実験して確かめたり、
失敗を繰り返しながら成功体験に行き着いて、自信のタネを手に入れたり、
痛い目にあって危険を体得したり…
ダメなことが多いと、そうしたたくさんの経験のチャンスが減ってしまいます。

せっかくのやる気の芽を摘むことは、少ないほうがいいに決まっています。
自分で状況を見て判断する力をつけるには、トラブルを未然に防ぎすぎないほうがいいですし、電気コードは安全な扱い方を教えて親と一緒に何度も抜きさしをさせたほうが、むしろ危なくないかもしれません。存分にさせてもらえるのなら、あえて親の目を盗んでする必要はないし、気がすむまでやりつくすと興味がなくなり、次のマイブームに移っていくものです。

ダメなことを減らす工夫はまだまだあります。次回をお楽しみに！

イヤイヤと付き合う
心のひとり立ち応援談 ⑦

ダメと言うことを繰り返すとき

ダメと言うと、それをおもしろがって何度もやることがありますね。
親が反応するのが楽しくてやっているようなら、スルーが一番です。
反応がないとつまらないのでじきにやめますから、やめたことをほめます。

あまり害のないことなら、こちらも笑って「こらぁ〜」とくすぐったり強く抱いたりして、**一緒に遊んでしまうのも手**です。
いい子にしているとかまってもらえないので、悪いことをして親の気を引く「こっち見て信号」の場合は、この作戦がおすすめ。
もちろんいい子にしているときに「あなたを見ている」「あなたが大事」という気持ちが伝わる言葉をかけることも忘れずに！

1歳くらいの子がテーブルにのぼるのは、のぼれるようになったからです。
できる自分を感じるのが楽しいのでしょう。
歩きはじめの子は歩きたがって抱くと怒りますが、歩けるのが当たり前になると「抱っこ」と言いはじめます。同じように、のぼれるのが当たり前になるともうしませんから、させておいてもいいのです。
しつけとして「テーブルはダメ」と言いたい家庭なら、のぼってもよい別の場所を用意してあげてください。

> イヤイヤと付き合う
> 心のひとり立ち応援談 ⑧

「ダメなときがあるからいつもダメ」 「ダメなものがあるからどれもダメ」はやめる

上手投げ(うわてなげ)ができるようになった子は、投げたくて仕方ありません。硬い木のおもちゃを投げたら危ないですが、だからやわらかいボールも投げちゃダメ？ ボールでも、小さい子に当たったら危ないから…

「いつでも投げちゃダメ」より、人がいるほうに投げそうにしたときに「よく見て！　そっちには赤ちゃんがいるよ。こっちに投げて」と声をかけるほうが、自分で判断して安全な行動を選べる子になっていくのではないでしょうか？

ヨチヨチ歩きの頃、歩きたがって抱くと怒ったけれど、危険な場所や人に迷惑なとき、時間がないときには抱き上げたはずです。だからといって、いつでもどこでも歩かせなかった人はいないと思います。

病院では静かにしなければいけないけれど、家では大きな声で歌ってもいい。お店の中を走ってはいけないけれど、公園ならいくら走ってもいい。

時と場合によってルールが違うことは、混乱しながらも幼い子なりに理解します。

❝　子どもを信じて！　❞

イヤイヤと付き合う
心のひとり立ち応援談 ⑨

小さなトラブルは経験させ、親があやまる覚悟を決める

室内の小さなすべり台。すべるだけでは物足りなくて立って駆けおりたり、下からのぼったり…
新しい遊び方を次々思いついて試すのは、子どもの特権です。
転落などの危険があればすぐ手が出せるように近くで見ていることは必要ですが、「ダメ」と言わなくてもいいのではないでしょうか？

小さい子がすべり台の階段で止まってしまったり上で座りこんだりしていても、かまわずのぼろうとするわが子に「ダメ！」と多くの親御さんがおっしゃいますが、ちょっと待って。
言いたいのをがまんして、しばらく見ていてみてください。
案外上手に横をすり抜け、実は危なくないことが多いものです。
無理やり押しのけて相手が泣いてしまったようなときは、親があやまりましょう。
子どもにとっては、相手の気持ちに気づく大事な経験です。

「相手の親御さんの手前、止めないわけにはいかない」と多くの方が思っているのですが、実際には「いいんですよ、大丈夫」と言ってくれることがほとんどです。
見ていたのですから、親の責任はちゃんと果たしています。
そういう責任の取り方を認め合う文化を、つくっていきませんか？

> イヤイヤと付き合う
> 心のひとり立ち応援談 ⑩

Work sheet

貸せない気持ちを大切に受け止めて

3歳ぐらいまでの子どもはみんな自己中心なのですから、何人か集まればおもちゃの争奪戦が起こるのは仕方のないことです。
「貸して」「いいよ」が一日も早くできるようになってほしいのは、親の切実な願いかもしれませんが、急がば回れ。
貸せない気持ちを認めてもらうことで自分の気持ちがわかり、その気持ちに照らし合わせて相手の気持ちを想像して、**親が自分の気持ちをくんでくれたように自分が友達の気持ちをくんで「貸してあげよう」と思えるまで、どうぞ待ってあげて**ください。

ゆずりたくない気持ち、ゆずりたい気持ちの葛藤に自分で折り合いをつけ、自分の意思でゆずることができたとき、子どもの中には「してあげられる自分」への誇らしさや満足感がわきあがります。
「いい気分」というご褒美を経験するとまたしてあげたくなり、好循環が動き出します！

まだ貸せない気持ちでいっぱいのときに「貸してあげなさい」と言われて貸したとしたら、子どもの中には自分の遊びの世界が邪魔されたくやしさや、その思いをわかってもらえない悲しみなどがわき起こって「貸したくない気持ち」が増えるばかりです。

イヤイヤと付き合う
心のひとり立ち応援談 ⑪

「ごめんなさい」って言えますか？

おもちゃの取り合いなどをきっかけに、わが子が相手を叩いたり押し倒したりしてしまったら…
「あやまりなさい！」って、言いたくなるかもしれません。
「悪いことをしたらあやまる」という社会のルールを教えるのは大事なことですが、**「どちらが悪いか」は案外むずかしい問題**です。

たとえばママが、姑の言動で困っていることを話しているのにスマホから目を離さないパパに怒って、パパのスマホをうばい、思いっきり投げたとしたら…
「こわれたらどうするんだ、あやまれ！」と言われて、ママはあやまる気持ちになれるでしょうか？
確かに投げたのは悪い。でも、そうなってしまったのは話を聞かないあなたのせい。私の中の悶々とした気持ちはどうしてくれるの？　あやまってほしいのはこっちよ！

ケンカの本質は気持ちのぶつかり合いなので、「よい・悪い」で割り切れるものではありません。**子ども同士のトラブルは、気持ちを代弁してあげるのが先。そうならざるを得なかった気持ちをくんで十分に認めたうえで、押したり叩いたりしてはいけないことを伝えます。**
表面的な謝罪を急ぐと、置き去りにされた気持ちがわだかまったまま残って、似たようなトラブルを繰り返すことになりがちです。

イヤイヤと付き合う
心のひとり立ち応援談 ⑫

自分の気持ちも、大切にしよう

「子どもの気持ちを認めたほうがいい」と頭でわかっていても、できないことが多いかもしれません。
あなた自身が自分の気持ちを認めないで、自分を叱ってばかりいませんか?

「子どもを頭ごなしに叱りすぎるのはよくない」と思うのなら、**まずは自分が、自分を叱りすぎるのをやめましょう。**
気持ちと行動を分けて、どのように感じる自分もありのままに認める。**後悔するのは行動だけ。**

忙しいときにぐずられればイライラする、人前でかんしゃくを起こされ腹が立つ。「そりゃあそうさ」と気持ちを認めて、自分にやさしくなりましょう。
そう感じる自分は、悪い親でもダメな親でもありません。ただ、怒鳴ったり叩いたりしないほうがいいだけです。

不思議なもので、自分にやさしくなれると子どもにもやさしくできます。

気持ちを話せる子に育てるために、まずはあなたが、感じたままの気持ちをたくさん言葉にして伝えてください。
相手を攻撃しないで、自分がどう感じているかを伝えるのは「わかり合う」ために一番大事なことです。
親子でも、ご夫婦でも!

[発達の視点を大切にした オムツはずし]

1．発達の個人差の考え方

　受精卵には、からだの様々な機能が一人前になるまでのプログラムが組み込まれています。
　いろいろな味や食感のものを食べられるようになるのも発達ですし、自分で感情をしずめて上手に寝つくことも、いろいろ試して遊びの幅を広げ、周囲の子に関心をもつことも、発達を待ってできることです。

　どの子も熱くて強い発達欲求を持って生まれてきます。意欲を否定しないで見守れば、子どもは自分の力で最大限の発達を達成できます。

　発達には個人差があり、差がある時期には早い子が優秀に見えますが、みんなができるようになってみると優劣ではなかったことに気づきます。
　2歳児の集団の中で、10ヵ月で歩いた子と1歳3ヵ月で歩いた子の見分けはつかないし、3歳頃に話しはじめた子が、1歳後半から話していた子よりおしゃべりが達者だったりすることはよくあります。

　「まだしないこと」は、「まだできるようになっていないこと」なので、待つのが一番。
　親は、「この子は、どんな発達のバリエーションを見せてくれるのかな」と楽しみに見守る気持ちで、リラックスできるとよいですね！

Ⅱ．排泄機能の発達と働きかけ

＜発達のステップ＞

Step 1 新生児期は、膀胱に尿がたまると反射的に（その感覚が脳に届く前に）排尿が起こる
胃に乳汁が入ると腸の動きが活発になり、反射的に排便が起こる

Step 2 腎臓機能が発達して尿を濃縮できるようになる・膀胱が大きくなる。直腸（肛門のすぐ上、大腸の最後の部分）に便がたまってから、まとめて排便できるようになる
⇒ 排尿・排便の回数が減り、間隔があいてくる

Step 3 尿や便がたまった感覚が脳まで届く（尿意・便意がわかる）ようになるが、感じたと同時に排尿・排便が起こる
⇒ ふと動きが止まるなど、親が見て「今、排泄している」とわかることがある

Step 4 尿意・便意を感じてから、少しの間がまんできる
⇒ モジモジするなど「したい」というサインが出る

Step 5 排泄したこと、排泄したいことを、言葉やしぐさで大人に知らせる

Step 6 オムツをはずし便器やオマルに掛けたときに、自分の意思で排尿・排便する

＜各時期の働きかけ＞

Step 1.2の頃　・笑顔で話しかけながら、楽しくオムツを替える
　　　　　　　　⇒ 排泄を「気持ちよい」「うれしい」などの感覚と結びつける

Step 3.4の頃　・子どもが排泄の感覚を感じているとき（または直後）に「チッチ出たね」などの言葉をかける
　　　　　　　　⇒ 今経験したからだの感覚と「チッチ」などの言葉を結びつける
　　　　　　　・笑顔で話しかけながらオムツを替え、「排泄すると親が喜ぶ」ことを繰り返し経験させる
　　　　　　　　⇒ 子どもは親が喜ぶことをしたがるので、得意になって教えるようになる

Step 5.6の頃　・尿意・便意を表現したら、オムツをはずしてトイレ（またはオマル）に掛けさせる
　　　　　　　・手が離せないときでも、「チッチ出るのね」など言葉だけは掛ける
　　　　　　　・生活の節目（起床時、外出前、入浴前、就寝前など）でトイレに誘ってもよいが、イヤがったらやめる
　　　　　　　・出たらほめる。出なくても叱らない
　　　　　　　・オムツに出たあとでも、教えたことをほめる

＜よくあるトラブル＞

●**したそうなのに教えない・時間的にたまっているはずなのに教えない**
　この時期は、排泄のことなどそっちのけで遊びに熱中できることこそ何より素晴らしい発達の姿。遊びを中断してまでトイレに誘わない。
　⇒ 自慢のネタは、オムツはずしだけではない。夢中で遊べる意欲を称賛しよう。

> Work
> sheet

● **たまっているのに「ナイ」と言い張り、便座から降ろす（またはオムツをつける）と直後に排尿する**

　便座に座って出そうとすると、緊張して括約筋（膀胱の出口にある輪状の筋肉）が固く閉まってしまい、出せない子はとても多い。
「ナイ」と言うのは、すごくしたいのに出せなくてつらく、降ろしてほしいから。便座から降ろす（またはオムツをつける）とホッとして排尿するのは、とても普通のこと。親に逆らっているのではない。
⇒ ホッとした気持ちに共感してともに喜び、排泄時に緊張しない素地をつくる。
・ここで叱ってしまうと、「排尿すると怒られる」という経験から排尿時にますます緊張して括約筋をゆるめられず、こじれるモト！

● **大便だけはオムツでないとできない**

　排泄物が体を離れて出ていくことに強い不安や恐怖を感じる子や、便のにおいが苦手な子もいる。
　以前、水が跳ね返ってイヤな思いをしたり、汚して叱られた経験があったり、その子なりに事情があるので、やさしい気持ちで対応してあげよう。
⇒ オムツをつけたまま便座に座らせ、排便できたらほめる → オムツをつけて便座に座ってから、オムツをはずして大人が手に持ち、便を受け止めてあげる → オムツを体から少しずつ離していく

☆夏のほうが薄着だし、尿量も少ないのではじめやすいとは言えるが、「寒くなってトレーニングをやめたら毎回教えるようになって、真冬に取れてしまった」というケースもある。**出る前に誘わないと取れないわけではない。**
　発達に関わることなので「熱心に訓練すれば早く取れる」というものではなく、遅くてもダメな子ではないし親が悪いのでもない。

支援を続けていくあなたへ

　子育て支援はやりがいのある仕事ですが、努力が報われないことが続いて投げ出したくなることもあるかもしれません。無力感や徒労感を超えて支援を続けていくために、あなたへ贈るメッセージです。

❋ うまくいかない方法は捨てる

　たとえばちょっと困った保護者がいて、あなたが「何度言っても変わらない」と感じているとしたら、「言う」という方法がその人が抱えている問題の解決には適当でないということです。言えば言うほど意固地になり、逆効果のこともよくあります。同じやり方で繰り返すより、別の方法を試しましょう。
　「塩にて淵を埋むがごとし」という言葉がありますが、塩の種類を変えたり量を増やしたりしても、水に溶けてしまう塩で淵（川の深い所）を埋めることはできません。埋めるのではなく、たとえばわき道をつくってそちらに水を逃がすなど、それまでのやり方が適当でないことに気づけば全く違う方法が見えてくるかもしれません。

❋ できることの中で最善を尽くせばよいと割り切る

　制度上の壁や財政的な問題など、支援者ひとりの力ではどうにもならない

こともあります。動かない壁を押し続けて消耗するのはやめましょう。
　あなたが負うべき責任は「できることの中で最善を尽くす」ことだけです。できないことまでしようとして燃え尽きることを誰も望んでいませんし、あなたが疲れきってしまったら、誰の役にも立てません。できないことは仕方ないと割り切ってみると、視野が広がって思いがけないアイデアが浮かぶこともあります。

✣ できていることを認める作業にエネルギーをそそぐ

　努力してもうまくいかない焦りや、自分を責める気持ちが高じたあげくの無力感であなたがつらいとき、同じことを「相手が感じている」と想像してみてください。投げやりだったり、攻撃的だったりする保護者の心の叫びが「うまくできない自分への激しい非難」であることは珍しくありません。できていることもあるはずなのに、それは無視して「もっと」を求めていると、今の自分はいつまでたっても認められません。
　どんな保護者もその人なりに努力して子の命をつないできたのです。支援者は、結果ではなく努力した事実に承認を伝えましょう。その言葉が傷ついた心の回復をうながし、一歩踏み出す原動力になると思います。
　同様に支援者自身も、自分を認める作業に十分なエネルギーをそそいでください。客観的に振り返ればできたことは必ずありますから、努力した自分をねぎらう言葉が浮かんでくるはずです。自分を信じて！

おわりに
〜失敗におびえる親たちにやさしい灯りを〜

　風邪で受診したとき、「どこでひかせたの？」という医師の言葉にショックを受けたとおっしゃった方がいます。「病気にならないように」という情報があふれる中で、「病気になったら親の責任」と思いこんで必死の保護者が過剰な予防対策に疲れ果てていたり、他の親や施設職員にむちゃな要求をしたり、病気になったわが子を責めたりする姿を見ることも珍しくありません。

　流行時に人ごみを避けるとか、休養をとって体力を維持するとか、ちょっとした心がけで病気を防げることはあるでしょう。手洗いなどにもある程度の予防効果は期待できます。それでも、私たちが人と関わって社会生活を営む限り病気になることは避けられません。

　感染症のほか虫歯、アレルギー、成長障害から心的外傷にいたるまで保護者が予防を求められる場面は際限なく広がり、その重圧に押しつぶされそうな人もたくさんいます。予防を考えるときに重要なのは完璧に防ぐことではなく、対策にかけられる手間や費用、それと引き換えに失う時間と体力、もれなくついてくるストレスというオマケなどと発病のリスクとの駆け引き（バランス感覚）なのですが、専門家などから発信される情報は「まれに重症例がある」ことと「病気にならないためにどうするか」という話ばかりです。真面目な親は失敗を

恐れ、できない親という評価におびえ、ちゃんとやれない自分を責めて「お先真っ暗」な感じの中でもがいているのかもしれません。

　医療関係者など指導者には、不安材料をあげて予防行動を促すだけでなく、受け手が自分で判断してその人の状況に即した対策を選びとれるような情報発信の工夫を、ぜひお願いしたいと思います。そのうえで迷いや不安を受け止め、保護者自身が「できることの中で最善」の選択に行きつく過程に寄り添うのが支援者の役割です。

　「3ヵ月の赤ちゃんの睡眠時間が定まらない」と深刻な表情のお母さんは、「睡眠不足や生活リズムの乱れは発達に悪影響がある。3ヵ月頃からよいリズムをつくりましょう」という指導で、「今、決まった時間に寝かせないとちゃんと育たない」ように感じていました。よい食事にしても事故防止にしても、指導されるようにはなかなかできないのが現実の子育てですし、できなくても子どもはたいていちゃんと育ちます。その生命力は親が思うよりはるかにたくましく、大きな適応力や自己治癒力があることを実は多くの人が知っています。

　病気は子どもにとってつらい体験かもしれませんが、家族が心配したりいたわってくれたりすることは「自分は愛され、大切にしてもらえる価値ある存在」という漠然とした自信の基盤になります。病気が

治る体験は、生命の仕組みの強靭さや自分のからだの素晴らしさに気づく機会でもあります。自分を素晴らしい宝物と思えてこそ、自分の心とからだを大切にできる人になるのです。
　「病気になってもいい。『あなたが大事』が伝わるチャンスかも」とか、「偏食でもいい。楽しい食卓で親が食べるのを見ていればいつか食べたくなるもの」「一生懸命だからこそひどく叱ってしまうこともある。後悔したのなら花丸！」などなど…不安でいっぱいの親たちがそんな「闇夜のちょうちん」のようなメッセージとたくさん出会える社会を、一緒につくっていきましょう！

　最後になりましたが、ご監修をいただきました石戸谷小児科の石戸谷尚子先生、英国心理士・前田節子先生に心より御礼申し上げます。
　また赤ちゃんとママ社編集部の佐藤加世子さんには、私の思いを受け止め支えていただき感謝しています。ありがとうございました。

2016年1月

永瀬春美

[著者]

永瀬春美（ながせはるみ）

1951年東京都生まれ。千葉大学教育学部特別教科（看護）教員養成課程卒業。東京学芸大学大学院（学校保健学）修了。看護師、JACC認定臨床心理カウンセラー。
大学・専門学校での教育（家族看護学、免疫学、小児保健）に携わるほか、電話育児相談員を13年務める。保育園看護師、スクールカウンセラーなどを経て、現在NPO法人「子育てひろば ほわほわ」顧問。同法人が運営するひろば内での相談活動と並行して「子育て相談室 いっぽ、いっぽ」を主宰。子育て支援者の養成講習や現職者の研修、保護者向けの講座などで数多く講師を務める。著書『子育てを応援したい人のための 育児相談練習帳』（創元社）ほか。
http://kosodate-soudan.net/

[監修]

医学監修／石戸谷尚子　小児科医・石戸谷小児科院長
心理監修／前田節子　英国心理士（UKRCP/BACP）・サイコダイナミック・カウンセラー

デザイン　遠藤 紅（株式会社コンセント）
校閲　株式会社ぷれす
編集　佐藤加世子

気持ちに応える子育て支援
実践力を磨く　基礎知識＆事例集

2016年3月12日　初版第1刷発行
著者　永瀬春美
発行人　小山朝史
発行所　株式会社 赤ちゃんとママ社
〒160-0003　東京都新宿区本塩町23番地
電話：03-5367-6592（販売）　03-5367-6595（編集）
振替：00160-8-43882
http://www.akamama.co.jp
印刷・製本　シナノ書籍印刷株式会社

乱丁・落丁本はお取り替えいたします。無断転載・複写を禁じます。

©Harumi Nagase 2016. Printed in Japan
ISBN978-4-87014-118-6